Herausgegeben von Dietrich Steinbach

Peter Haida
Kritik und Satire im Lustspiel

Georg Büchner: Leonce und Lena

Gotthold Ephraim Lessing: Minna von Barnhelm

Ernst Klett Verlag

Anregungen für den Literaturunterricht
Pegasus Klett

Peter Haida
Kritik und Satire im Lustspiel

Textausgabe in der Reihe ‚Editionen', nach denen zitiert wird:

Georg Büchner: Leonce und Lena. Stuttgart 1982. Klettbuch 35 134
Gotthold Ephraim Lessing: Minna von Barnhelm. Stuttgart 1979. Klettbuch 3 522

CIP-Kurztitelaufnahme der Deutschen Bibliothek

Haida, Peter:
Kritik und Satire im Lustspiel
Georg Büchner: Leonce und Lena;
Gotthold Ephraim Lessing: Minna von Barnhelm/Peter Haida. — 1. Aufl. —
Stuttgart, Klett, 1989
  (Anregungen für den Literaturunterricht)
  ISBN 3-12-399230-6

1 5 4 3 2 1 | 1993 92 91 90 89

1. Auflage

Die letzte Zahl bezeichnet das Jahr dieses Druckes.
© Ernst Klett Verlag GmbH u. Co. KG, Stuttgart 1989.
Alle Rechte vorbehalten.
Satz: Bibliomania GmbH, Frankfurt am Main
Druck: Herzogsche Druckerei, Stuttgart

ISBN 3-12-399230-6

Inhaltsverzeichnis

0	**Einleitung**	5
1	**‚Minna von Barnhelm'**	6
1.1	Aspekte der Interpretation	6
1.2	Methodische Zugänge	7
2	**'Neue Komödie'**	8
2.1	Schnittpunkt vieler Entwicklungslinien	8
2.2	Skizze der Aufklärungskomödie	8
2.3	Lessings Komödientheorie	9
3	**Zeitstück**	10
3.1	Die Wirklichkeit als Grundstoff	10
3.2	Glorifizierung oder Kritik?	10
3.3	Fiktion als Forderung an die Realität – Epochentypik	11
4	**Werkstruktur**	12
4.1	Charaktere in Situationen	12
4.1.1	Vom Typus zum Charakter	12
4.1.2	Tellheims Problem: Ehre gegen Liebe	13
4.1.3	Minna	14
4.1.4	Riccaut de la Marlinière	14
4.1.5	Personenbeziehungen – Dialektik der Standpunkte	15
4.2	Handlungsaufbau	15
4.3	Zweikampf mit Argumenten – Analyse von II,9 und IV,6	18
4.3.1	Der Streitfall	18
4.3.2	Minnas Bewertung des Falles	18
4.3.3	Ernsthaftigkeit des Problems	19
4.3.4	Verstrickung und Scheitern der Kommunikation	19
4.3.5	Beginn der Intrige	20
4.3.6	Rollenwechsel – Umkehr der Positionen (V. Aufzug)	20
4.4	Spiel: Scheinhafter äußerer Konflikt	21
4.5	Sprache und andere Ausdrucksmittel	22
4.5.1	Formprinzip des Witzes	22
4.5.2	Sprache des Herzens – Sprache der Formeln	23
4.5.3	Wortmotive	23
5	**Adeliges Ehrprinzip und bürgerliche Ethik**	25
5.1	Kritik des Söldnertums	25
5.2	Absage an Gesellschaft und König	26
5.3	Neue Ethik, bürgerliche Normen	26
6	**‚Leonce und Lena'**	28
6.1	Fragen und Probleme	28
6.2	Einbindung in eine Unterrichtsreihe	28
6.3	Themen und Aspekte	29
7	**Werkstruktur**	30
7.1	Annäherung an den Text	30
7.2	Problematisierung: Bloße Literaturkomödie?	31
7.3	Untersuchung der Werkstruktur	31
7.3.1	Handlung, Aufbau	31
7.3.2	Themen, Motive	32

7.3.3	Personenprofile	33
7.3.3.1	Einfluß der Commedia dell'arte	33
7.3.3.2	Figurenkonstellation – Parallelen und Kontraste	33
7.3.3.3	Leonce – Melancholiker, Ästhet, 'synthetischer' Held	34
	Exkurs: Geistes- und sozialgeschichtliche Einordnung	35
7.3.3.4	Valerio – Kontrast und Ergänzung (I,1)	36
7.3.3.5	Lena – naturhaftes Sein	37
7.3.3.6	König Peter und sein Staat – Analyse von I,2	37
7.3.4	Sprache und Sprechweisen	38
7.3.5	Zur Frage der Entwicklung – Interpretation des II. Aktes	39
7.3.5.1	Flucht nach dem Süden	39
7.3.5.2	Die Begegnung	40
7.3.5.3	Wechselbad der Stimmungen, Antithetik	40
8	**Realitätsbezogenheit**	**43**
8.1	Historische Substrate und politische Ansätze	43
8.2	Büchners politische Kritik	44
8.3	Die Bauernszene als Schlüssel	44
8.3.1	Kritik des Absolutismus	44
8.3.2	Ruhm und Hunger	45
8.3.3	Warum Literaturkomödie?	45
9	**Büchners Deutung des Fürstenstaates im Lustspiel**	**47**
9.1	Politische Verhältnisse als Komödie	47
9.2	Statische Scheinwelt: Zufall als Notwendigkeit	47
9.3	Automaten als Repräsentanten des Staates	48
9.4	Das Problem des Schlusses und der Gesamtdeutung	49
9.4.1	Leonce als neuer Staatschef	49
9.4.2	Satire, Parodie und/oder Utopie?	50
9.4.3	Antworten in der Theaterpraxis	50
9.4.4	Integration	51
10	**Vergleichspunkte**	**52**
11	**Klausurthemen, Untersuchungsaufgaben und Fragen**	**54**
11.1	Zu ‚Minna von Barnhelm'	54
11.1.1	Klausurthema 'Komödienentwicklung'	54
11.1.2	Fragen und Untersuchungsaufgaben	54
11.2	Zu ‚Leonce und Lena'	55
11.2.1	Erörterungen auf der Basis vorgegebenen Materials	55
11.2.1.1	Kleinstaaterei in der Geschichte	55
11.2.1.2	Deutungen des Schlusses	55
11.2.1.3	Vergleiche mit zeitgenössischen Texten	56
11.2.1.4	Vergleich Flugschrift – fiktionaler Text	56
11.2.2	Untersuchungsaufgaben und Fragen	56
11.3	Aufgaben zu beiden Dramen	57

Auswahlbibliographie 58

0 Einleitung

Die vorliegende Darstellung will keine neuen Interpretationen anbieten. Sie nähert sich den Stücken etwa so, wie es im Unterricht auch geschieht: Ausgehend von allgemeinen Fragestellungen, die den Horizont abstecken sollen, behandelt sie in verschiedenen Blöcken grundsätzliche Probleme, die im Unterricht thematisiert werden können. Die Anordnung im einzelnen und die Verteilung auf die Stunden bleiben den Unterrichtenden überlassen.
Ein gemeinsamer Bezugspunkt der beiden Dramen liegt in der Gattung, wobei die Bezeichnungen Lustspiel und Komödie synonym gebraucht werden. Ein Hauptvergleichspunkt bezieht sich auf das Verhältnis der Stücke zur je zeitgenössischen Realität, auf die sie in ganz verschiedener Weise eingehen.
Die wesentlichen Aspekte der Betrachtung sind Kritik und Satire. Kritik der dargestellten Verhältnisse ist in beiden Stücken zentral, satirische Darstellung wird dagegen nur in ‚Leonce und Lena' erkennbar. Der Versuch eines Vergleichs der Dramen markiert die unterschiedliche Epochenzugehörigkeit; sie drückt sich sowohl in den angesprochenen Problemen, den verwendeten Motiven als auch in der Personenzeichnung und eben im Verhältnis der Texte zur Zeitwirklichkeit aus.
Bei aller literaturgeschichtlich bedingten Verschiedenheit ähneln sich die beiden Dramen in ihrer dialektischen Struktur. Die vielfachen Deutungen, die beide gefunden haben, sind durch sie erklärbar: Es gibt kaum feste Positionen, keine Aussage, Stellungnahme, Stimmung, die nicht durch ihr Gegenteil relativiert oder ironisiert würde. Die vorliegenden Deutungsversuche setzen daher ebenfalls nicht auf feste Positionen, sondern legen genaues Lesen und selbständige Textanalyse nahe.
Die wissenschaftliche Literatur – vor allem die neuere – wurde dankbar genutzt, im übrigen aber versucht, den unterrichtlichen Erfordernissen den Vorrang zu geben.
Die Texte der Stücke werden nach der Ausgabe der Editionen mit Seitenzahl in Klammern zitiert. Die eckigen Klammern, die bei ‚Leonce und Lena' auf Textergänzungen hinweisen, wurden beim Zitieren ignoriert, der wirkliche Textbefund ergibt sich aus dem Abdruck des Stücks.

1 ‚Minna von Barnhelm'

1.1 Aspekte der Interpretation

Unter welchen Aspekten kann Lessings ‚Minna von Barnhelm' behandelt werden? Das Stück spricht beim bloßen Lesen wohl nur in seltenen Fällen den Schüler heute ganz unmittelbar an, so daß einige Vorgaben notwendig sind, um Problemhorizonte aufzureißen. Nach Möglichkeit sollte auch eine Inszenierung oder eine Fernsehaufzeichnung (z. B. aus der Reihe ZDF-Theatertreff, Regie Franz-Peter Wirth) angesehen werden.

Man muß, gegebenenfalls unter Zuhilfenahme historischer Argumentation, erst das Problem zurückgewinnen, das dem Leser/Schüler von heute aus vielleicht nicht in seiner vollen Tragweite einsichtig ist. Es muß deutlich gemacht werden, daß Tellheim nicht irgendwelchen verqueren, längst überwundenen Moralvorstellungen folgt, statt Frau samt Geld zu nehmen und auf die Gerechtigkeit seines undankbaren Kriegsherren zu pfeifen.

Der Deutungsschwerpunkt vorliegender Interpretationen liegt meist entweder auf dem Punkt der Ehre oder, verbunden damit, auf Tellheims Situation oder auf Minnas Intrige oder auf der Komödie als einer verhinderten Tragödie. Eine solche Akzentuierung von einzelnen Schwerpunkten ist bei einem so genau gearbeiteten, beinahe durchkalkulierten Stück nicht angebracht, vielmehr gilt es die Wechselwirkung der verschiedenen Elemente zu beachten und die vielfache Deutbarkeit des Lustspiels zu erfahren.

‚Minna von Barnhelm' ist äußerst beziehungsreich in den Figuren, Handlungsmomenten, in der Sprache; teilweise auch ironisch. Die vertretenen Positionen stellen sich gegenseitig infrage. Schon der Untertitel „Das Soldatenglück" scheint mehrdeutig in seinen Bezügen und könnte ohne weiteres ironisch gemeint sein.

Möglichkeiten der Problematisierung gibt es mehrere. Dominierender Aspekt soll hier Kritik in bezug auf menschliche und institutionell-staatliche Verhaltensweisen sein. Immanent kritisch verfährt Lessing auch mit der Komödientradition, indem er sie verändert.

Sein Ansatz trägt das Signum der Epoche: er ist aufklärerisch. Propagiert wird – im Stück wie auch als Botschaft an den Zuschauer – vernünftiges, selbstgewisses Verhalten, für das Minna ein Beispiel ist. Lessing knüpft an die Tradition der Komödie an und verändert sie durch Hinzunahme realistischer Details der Zeitwirklichkeit, die in kritischer Perspektive gesehen werden.

Dabei geht Lessing so weit, wie ein Untertan im Aufgeklärten Absolutismus nur gehen konnte. Das Verbot des Lustspiels durch den Hamburger Senat und die durch den preußischen Gesandten in Hamburg bis zum 30.9.1767 verzögerte Uraufführung belegen das. Die Erstaufführung in Berlin vom 21.3.1768 durch die Döbbelinsche Truppe verlief gleichfalls nicht ohne Schwierigkeiten, wie Lessings Bruder Karl berichtete (s. Editionen, Mat. IV).

Obgleich die Kritik von aktuellen Mißständen nicht vorrangiges Ziel ist, werden doch kritische Akzente in großer Zahl gesetzt. Der Leser/Zuschauer erfährt indirekt von der preußischen Praxis, die Wirte als Polizeispitzel einzusetzen, von der Lage der abgedankten Soldaten, von Kontribution, Spekulation und Münzverschlechterung, von preußischem Drill und Desertion. Dies alles läuft sozusagen nebenbei mit unter und wurde auch von den Zeitgenossen durchaus als Kritik an der preußischen Regierung verstanden.

1.2 Methodische Zugänge

Unter der Prämisse, daß die Komödie sowohl menschliches als auch staatliches Verhalten kritisch betrachtet, sind gleichwohl verschiedene methodische Einstiege für die Behandlung möglich:
1. Anknüpfungspunkte Zeitstück, Literatur und Realität: Lessings Stück als „wahrste Ausgeburt des Siebenjährigen Krieges" und „erste aus dem bedeutenden Leben gegriffene Theaterproduktion, von spezifisch temporärem Gehalt" (Goethe, Mat. II.1).
a) Historische und ökonomische Aspekte des Siebenjährigen Krieges (Mat. I.1 und 2).
b) Krieg und Literatur: Lessings eher kritische Position gegenüber der vorwiegend patriotisch gestimmten Lyrik am Beispiel von Gleims Kriegsliedern (Materialienteil II).
2. Anknüpfungspunkt neue Komödie: ‚Minna von Barnhelm' als 'erste deutsche Komödie'. Vergleich mit vorherigen Produktionen und Veränderung der Theorie (Mat. III); Veränderung der Figuren gegenüber der früheren Komödie, Integration in eine durchgeführte Handlung.
3. Zunächst immanente Behandlung, dann Erweiterung.
a) Motive: (Soldaten-Glück; Ehre und/bzw. gegen Liebe, Tellheims selbstauferlegter Zwang zum Verzicht: Einstieg mit den Streitgesprächen II,9 und IV,6; Krieg und Geld (siehe 1 b).
b) Figuren, insbesondere Tellheim. Der Vergleich mit der früher standardmäßigen komischen Figur eröffnet die Perspektive auf den durch Lessing erreichten Fortschritt in der Charakterzeichnung und der Komödie (siehe 2). Minna als emanzipierte Frau und als Vertreterin aufgeklärten Denkens.
c) Handlung: die Eigentümlichkeit der Exposition, die Informationsstrategien gegenüber dem Zuschauer (Darstellung des Problems zunächst aus der Dienerperspektive, Gesamtinformation des Zuschauers erst in IV,6); Zweischichtigkeit der Handlung (Ehrprozeß und die Auseinandersetzung der Liebenden) und die verschiedenen Lösungen; der Kampf der Positionen, die Intrige Minnas und ihr Scheitern; die Umkehrung der Standpunkte durch ihr 'Spiel im Spiel'; die Lösung durch Erklärung Minnas und die Ankunft Bruchsalls.
Jeder der gewählten Zugänge wird die anderen Problemstellungen anschließen müssen. Die hier gewählte Anordnung betrachtet nacheinander den Gattungsaspekt Komödie, das Zeitstück, die Werkstruktur und die Kritik an der Zeit.

2 'Neue' Komödie

2.1 Schnittpunkt vieler Entwicklungslinien

Warum es in Deutschland im frühen 18. Jahrhundert keine gute Komödie gab, und wie das mit der politischen Situation zusammenhängt, darüber machte sich H. P. Sturz (Mat. III.1) Gedanken. Lessing aber schrieb diese Komödie.
‚Minna von Barnhelm' markiert einen bestimmten Punkt in der Entwicklungsgeschichte der deutschen Komödie; das Stück ist Schnittpunkt vieler Entwicklungslinien, die hier zu etwas Neuem führen. In ihm treffen sich Elemente der Commedia dell'arte und der Aufklärungskomödie, repräsentiert durch die sächsische Typenkomödie, wie sie Gottsched inaugurierte, und das 'rührende Lustspiel', das seinen Ursprung in der französischen 'Comédie larmoyante' hatte. (Abrisse bei Steinmetz: Komödie der Aufklärung, und ‚Minna'; vgl. auch den Text des Klausurenvorschlags.)
Um das deutlich zu machen, könnte ein Lustspiel der Frühaufklärung einbezogen werden, es genügt aber auch eine theoretische Abklärung.

2.2 Skizze der Aufklärungskomödie

Maßgebend für die Komödientheorie der Aufklärung war zunächst Johann Christoph Gottsched (1700–1766), der gegen den Einfluß der Commedia dell' arte und der wandernden englischen Komödianten kämpfte und das Theater literarisieren wollte, indem er den Hanswurst von der Bühne vertrieb. Er forderte eine einheitliche, wahrscheinliche Handlung in Anlehnung an französische Vorbilder. Die komische Figur der herkömmlichen Komödie störte durch possenhafte Einlagen die Einheit und die Wahrscheinlichkeit der Naturnachahmung (wie Gottsched die Dichtung definierte). Die Funktion dieses Theaters sollte die Erziehung und Selbstdarstellung des Bürgertums sein.
Seine Kennzeichnung kann anhand einiger Paragraphen aus Gottscheds Poetik ‚Versuch einer critischen Dichtkunst' (1730, [4]1751) 2. Teil, 1. Abschnitt, XI. Hauptstück, erfolgen (hier zitiert nach: Dramaturgische Schriften des 18. Jahrhunderts. Hrsg. von Klaus Hammer. Henschelverlag, Berlin 1968, S. 41 ff.)
Die entscheidenden Bestimmungen sind folgende:
– Definition: „Die Komödie ist nichts anderes als eine Nachahmung einer lasterhaften Handlung, die durch ihr lächerliches Wesen den Zuschauer belustigen, aber auch zugleich erbauen kann" (§ 13).
– Wirkung: „Die Komödie will nicht grobe Laster, sondern lächerliche Fehler der Menschen verbessern" (§ 15).
– Typenhaftigkeit: „Man muß nämlich die Natur und Art der Menschen zu beobachten wissen, jedem Alter, jedem Stande, jedem Geschlechte und jedem Volke solche Neigungen und Gemütsarten geben, als wir von ihnen gewohnt sind. Kömmt ja einmal was Außerordentliches vor, z. E. daß etwa ein Alter nicht geizig, ein Junger nicht verschwenderisch, ein Weib nicht weichherzig, ein Mann nicht beherzt ist, so muß der Zuschauer vorbereitet werden, solche ungewöhnliche Charaktere für wahrscheinlich zu halten ..." (§ 20).
„Lasterhaftigkeit" bedeutet in der Sprache des frühen 18. Jahrhunderts soviel wie Fehlerhaftigkeit, Torheit, der Vernunft widersprechendes Verhalten. Die Typenkomödie stellt eine Figur in den Mittelpunkt, die durch ihr Verhalten allgemein akzeptierte, vernünftige Grundsätze verletzt. Sie wird verlacht und dann entweder auf den richtigen Weg zurückgeführt oder aus der Gesellschaft ausgestoßen.

Die 'rührende Komödie', deren Hauptvertreter, Gellert, sich auch theoretisch äußerte, zeigte vorwiegend edle Charaktere, die nicht verlacht werden konnten, sondern vielmehr Vorbildcharakter hatten.

2.3 Lessings Komödientheorie

Lessing entwickelt die Typen weiter zu vollständigen Charakteren, die sich in Situationen äußern sollen. Als Theoretiker setzt er sich mit den drei Hauptformen der bisherigen Komödie auseinander und versucht, eine neue, ,,wahre" Komödie theoretisch und praktisch zu begründen, die sich sowohl von der bekannten Hanswurst-Komödie als auch von der aufklärerischen Verlachkomödie und von der rührenden Komödie abhebt, und zwar vor allem im Hinblick auf Realitätsgehalt, Wirkung und Publikum. (Zur Entwicklung vgl. auch 4.1.1) In seinen ‚Abhandlungen von dem weinerlichen oder rührenden Lustspiele' (Mat.III.2) setzt sich Lessing direkt mit Gellerts Abhandlung über das rührende Lustspiel auseinander.

Das Hanswurststück zeige Laster und Ungereimtheiten, es sei für den Pöbel und solle lediglich Lachen erregen. Dagegen führe das bürgerliche rührende Lustspiel, z.B. das von Gellert, nur Tugenden und anständige Sitten vor, weshalb es nichts zu lachen gäbe. Sein Publikum bestände aus Leuten von Stand.

Die neue, ,,wahre" Komödie nimmt von beiden und mischt die Ingredienzien. Nach wie vor ist der Charakter das wichtigste (vgl. auch ‚Hamburgische Dramaturgie', 51. Stück). Sie zeigt gemischte Charaktere, Tugenden und Laster zugleich und ist damit realistischer; sie erzeugt sowohl Lachen als auch Rührung; ihr Publikum ist das 'Volk' im ganzen, dem sie von allgemeinem Nutzen ist.

Die Nützlichkeit liegt im Lachen begründet, das vom Verlachen der Typenkomödie zu unterscheiden ist (Mat. III.3). Es werden nicht spezifische Unarten gebessert, sondern durch Lachen über sie wird beim Zuschauer die Fähigkeit ausgebildet, das Lächerliche zu bemerken, wodurch er moralisch stabil gemacht wird und vielleicht gar nicht erst dem dargestellten Fehler verfällt.

Komödienentwicklung

Hanswurst-Stück	bürgerliches Lustspiel, z.B. von Gellert
Laster und Ungereimtheiten	Tugenden und anständige Sitten
will nur Lachen erregen	will nur rühren
ist für den Pöbel	ist für Leute von Stand

neue ,,wahre" Komödie
mischt Tugenden und Laster
will lachen machen und rühren
ist für das Volk
bringt allgemeinen Nutzen

3 Zeitstück

3.1 Die Wirklichkeit als Grundstoff

Neben den literarischen Einflüssen sind die historischen und biographischen Fakten für ‚Minna von Barnhelm' sehr wichtig geworden. Das Stück wurde 1763 konzipiert, als Lessing noch Gouvernementssekretär des preußischen Generals von Tauentzien war, was ihn mit der wirtschaftlichen Seite der Kriegführung Friedrichs II., mit der Finanzierung, mit den Kontributionen usw. vertraut machte. Fertiggestellt wurde es erst im Winter 1766/1767. Lessings nicht ganz korrekter Zusatz „verfertigt im Jahre 1763" scheint deswegen erfolgt zu sein, um die enge Verknüpfung mit den Zeitereignissen zu betonen. Das ist neu, zumal für die Komödie, die es bis dahin mehr mit zeitlosen, komischen und im Sinne eines Fehlers oder Ticks 'lasterhaften' Charakteren zu tun hatte.
Die Handlung spielt nach dem Siebenjährigen Krieg, nennt die Teilnehmer Sachsen und Preußen, erwähnt Thüringen, läßt indirekt einen König auftreten, mit dem nur Friedrich II. gemeint sein kann, und zeigt als Protagonisten ausdrücklich ein sächsisches Edelfräulein und einen Offizier in preußischen Diensten, Angehörige der vorher verfeindeten Mächte also, die sich während des Krieges kennengelernt und verlobt, aber dann durch die Kriegswirren aus den Augen verloren haben.
Berlin als Handlungsort ist nicht genannt, aber erschließbar, ebenso das Jahr 1763 als Jahr des Friedensschlusses von Hubertusburg, das im Text selbst auch nicht auftaucht. Der Wirt, der für die preußische Polizei Daten sammelt – auch das ist ein der Realität abgewonnener Zug –, nennt in II,2 den 22. August des laufenden Jahres als Datum. Der Friedensschluß vom 15.2. liegt demnach ein halbes Jahr zurück.
Was das Stück sonst an Motiven aus der Wirklichkeit entlehnt hat, ist eine Menge: die Problematik abgedankter Offiziere, die ökonomischen Aspekte eines Krieges, nämlich die Kontributionen, die der Verlierer zahlen muß, die Finanzmanipulationen, z. B. die Münzverschlechterung durch den Staat, mit denen der König außerdem den Krieg bezahlte, die möglichen Spekulationsgewinne für geschickte Finanziers. (Siehe dazu die Texte von Mehring und Gotzkowsky, Mat.I.1. und 2.)

3.2 Glorifizierung oder Kritik?

Oberflächlich betrachtet, könnte es so aussehen, als sänge Lessing das Lob des großen Königs. Wie weit er wirklich davon entfernt war, zeigt seine Auseinandersetzung mit den patriotischen Kriegsliedern J. W. Gleims (Mat. II. 2–4).
Auch Goethe legte (unter anderem) den Akzent auf die Taten des Fürsten, erkannte aber auch den Wert des Stücks, wenn er von „der wahrsten Ausgeburt des Siebenjährigen Krieges" spricht. ‚Minna von Barnhelm' sei „die erste aus dem bedeutenden Leben gegriffene Theaterproduktion, von spezifisch temporärem Gehalt"; das Stück sei „zwischen Krieg und Frieden, Haß und Neigung erzeugt" und eröffne „den Blick in eine höhere, bedeutendere Welt" als die bürgerliche und literarische, in der sich die „Dichtkunst bisher bewegt hatte" (Mat. II.1, S. 120).
Doch ist die Darstellung der Zeit sicherlich nicht der eigentliche Zweck Lessings gewesen, schon gar nicht in dem von Goethe gemeinten Sinn, daß die deutsche Poesie durch Friedrich II. und den Siebenjährigen Krieg den „erste[n] wahre[n] und höhere[n] eigentliche[n]

Lebensgehalt" bekommen hätte. Er wollte kaum Könige [...] in Krieg und Gefahr" darstellen, „wo sie ebendadurch als die Ersten erscheinen, weil sie das Schicksal des Allerletzten bestimmen und teilen" (Mat. II.1, S. 118). Trotz der positiven Rolle, die der Fürst im Stück als gerechter Landesherr spielt, kann man wohl nicht — wie es gelegentlich z. B. durch W. Scherer und Treitschke geschah und heute gelegentlich wohl auch als Vorwurf formuliert wird — von einer Glorifizierung Friedrichs sprechen. Schon Mehring hat in seinem Buch ‚Die Lessing-Legende' energisch widersprochen.

Gegen eine Obrigkeitsfrömmigkeit stehen auch im Text die kritischen Akzente, die mehrfach in den Bemerkungen über den „Dienst bei den Großen" (bes. S. 77 und 96f.) gesetzt werden, und die im ganzen nicht unkritische Darstellung des Soldatenstandes in der Form des Söldnertums (Riccaut, aber auch — in einer lustspielhaft gemilderten Auffassung — die Gestalt des alten Haudegens Paul Werner).

3.3 Fiktion als Forderung an die Realität — Epochentypik

Wenn auch die Vorgänge eng mit der Zeitgeschichte zusammenhängen, so bleibt doch bedeutsam, daß König Friedrich II., der Friede von Hubertusburg, der Ort Berlin, das Jahr 1763 im Text selbst nicht genannt sind, sondern erschlossen werden müssen. Dies scheint deswegen so zu sein, damit die Fiktionalität gesichert bleibt. Von ihr aus öffnet sich sogar eine kritische Perspektive auf das Deus-ex-machina-Handschreiben des Königs. Eine solche Entscheidung des Königs ist, worauf Göbel hingewiesen hat, zwar möglich, aber es fragt sich, ob sie in der Wirklichkeit auch wahrscheinlich ist. „[...] das Spiel auf der Bühne hat zwar das Material aus seiner Zeit geborgt, die Zusammenstellung auf das Handlungsende hin aber zeigt nur eine Möglichkeit auf, an der sich die realen Verhaltensweisen der Menschen erst einmal messen lassen müssen" (Göbel, S. 83).

Abgesehen von den der Realität abgeborgten Umständen ist ‚Minna von Barnhelm' ein Zeitstück noch in einem anderen Sinn. Im Verhalten der Personen, insbesondere Minnas, deutet sich eine geistesgeschichtliche Veränderung an: Ihr Agieren entspricht nicht mehr den Konventionen, sondern wird von Vernunft, Menschlichkeit, Selbstverantwortung und subjektiven Einschätzungen dessen, was richtig ist, geleitet. Insofern ist das Stück auch ein Spiegel der Bewußtseinsveränderungen, die sich in der Epoche der Aufklärung vollziehen. Ein neues Menschenbild wird auch von Tellheim verkörpert. Er vertritt bürgerliche Tugenden und hat empfindsame Züge, ist ein „Mann von Charakter" und repräsentiert nach dem egoistisch-politischen Menschen des ausgehenden siebzehnten Jahrhunderts eine neue Spielart: „den redlichen, das heißt den sozial empfindenden Menschen der neuen bürgerlichen Kultur" (Brüggemann, Mat. V.1, S. 141).

4 Werkstruktur

4.1 Charaktere in Situationen

4.1.1 Vom Typus zum Charakter

Die ältere Komödie war im wesentlichen eine Typenkomödie mit festgelegten Figurenschablonen. Zu Lessings Zeiten kannte die Bühne neben dem Geizigen, dem Zerstreuten, dem Frömmler, dem Hypochonder, dem Freigeist u. a. – Typen also, die wegen ihrer Eigenheiten oder Fehler von der allgemeinen Norm abwichen und deswegen als närrisch und als komisch erschienen – noch die tugendhaften Gestalten des rührenden Lustspiels, über die man kaum lachen konnte. Daneben gab es den auf dem Rückzug begriffenen Hanswurst.

Das spezifisch Neue an Lessings Stück ist die Entwicklung von Typen zu Charakteren und das Faktum, daß er sie in bestimmte Situationen bringt, in denen sie sich jeweils anders verhalten. Für die Entwicklungsgeschichte der Komödie ist das ein wichtiger Schritt, weil erstmals der Charakter eng mit der Handlung verbunden wird, wobei sich beide gegenseitig beeinflussen. Die Entwicklung der Komödie kann als ein Fortschreiten von der komischen Figur zu einer immer weiteren Verflechtung von Charakter und Handlung beschrieben werden. (Vgl. dazu Eckehard Catholy: Komische Figur und dramatische Wirklichkeit. In: Festschrift Helmut de Boor. Niemeyer, Tübingen 1966, S.193–208; und Peter Haida: Von der komischen Figur zur Komödie. In: Der Deutschunterricht 36/1984, Heft 1, S.5–20.)

Die durch Lessing erreichte Stufe kann im Stück selbst durch den Vergleich der Hauptakteure mit den Nebenfiguren aufgezeigt werden. Just, Werner, der Wirt und teilweise auch Franziska entsprechen noch mehr oder weniger der Typenkomödie und sind durch kennzeichende Grundeigenschaften und zum Teil durch sprechende Namen (Just, Franziska Willig, die französischen Namen von Riccaut) ausgewiesen. Just ist ein rauhbauziger ehemaliger Reitknecht, pudelhaft treu und ehrlich, im Unterschied zu den früheren Bedienten des Majors. Der Wachtmeister Werner ist etwas vierschrötig, aber ein echter Freund, außerdem ein Kriegsmann mit Leib und Seele, der das Zivilleben nicht leiden mag. Deswegen hat er sein Schulzengericht verkauft und will seinem Major das Geld bringen. Die witzige Franziska ist eine Nachfahrin der schnippischen Kammerzofen, die meist Lisette hießen.

Anders als in der älteren Komödie werden die standesmäßig unterlegenen Personen als gleichwertige Partner angesehen, am deutlichsten Franziska, die mit Minna zusammen aufgewachsen ist und eher eine Freundin als eine Zofe darstellt. Insgesamt wurde die Dienerebene aufgewertet und mehr vom Menschlichen her gesehen.

Minna und Tellheim sind mehrschichtig angelegt und verändern ihr Verhalten in verschiedenen Situationen. Sie weisen außerdem widersprüchliche Züge auf, die sie als Charaktere interessant machen. Dies gilt übrigens auch für die Nebenfigur Riccaut, der mit seinem einmaligen Auftritt zwar eine Nebenrolle hat, die in der Nachfolge des Capitano aus der Commedia dell'arte steht, sich aber darin nicht erschöpft. Sie hat vielmehr eine strukturelle Bedeutung.

Tellheim trägt einerseits noch Züge eines Typus, wenn er so starr auf seiner Ehre beharrt und ihretwegen auf Liebe und Glück verzichten will, ebenso hat er Eigenheiten der rührenden Komödie (sein Edelmut gegenüber Fau Marloff). Was ihn vom starren Typus entfernt, ist seine Fähigkeit, eine andere Position einzunehmen, wenn sich die Situation – sei es tatsächlich oder angeblich – ändert. Sein Charakter als solcher ändert sich nicht.

Für einen Adligen denkt er in Geldsachen bürgerlich, d.h., er ist darin peinlich genau. Werners dringlich angebotenes Geld will er deswegen nicht annehmen, weil er nicht weiß, ob und wann er es zurückzahlen kann. Wegen dieses Grundsatzes verliert er beinahe einen Freund, der sein Leben für ihn wagte.

4.1.2 Tellheims Problem: Ehre gegen Liebe

Die Untersuchungsaufgabe, die zu Tellheims Charakter führt, kann lauten: Ist Tellheim im Beharren auf seiner Ehre komisch? Übertreibt er, wie Minna behauptet? Kann man sein Verhalten als komischen Tick bezeichnen, wie er in der Verlachkomödie üblich ist?
Dazu ist nötig zu klären, unter welchem Verdacht Tellheim steht und warum er seine Ehre für gekränkt hält und sein Verlobungsversprechen nicht einhalten zu können meint. Im Stück geschieht das relativ spät, wodurch sich sowohl für Minna als auch für den Zuschauer ein etwas schiefes Bild von Tellheim ergibt und er bis zu diesem Punkt in IV,6 in komischem Licht erscheint.
Seine Charakterzüge und sein Verhalten sind zu bewerten. Zu fragen ist, wie er sich zu Minna und zur Gesellschaft und ihren Normen verhält, worin er abweicht und worin er recht hat; ferner ob er geändert, gebessert oder sonst irgendwie gewandelt wird.
Staiger (Mat. V.2) beurteilt seinen Charakter als „ehrenhaft [...] ritterlich, liebenswürdig, zart, gutmütig und empfindsam" (S. 142). Deswegen könne man den Ehrenhaften nicht ohne weiteres neben andere Helden mit einem Tick wie den Bücherwurm oder den eingebildeten Kranken stellen, deren Lächerlichkeit offensichtlich sei. Tellheim sei dagegen ein „Charakter von höchster Würde" (S. 143). Beispiele dafür sind sein edelmütiges Verhalten, als er trotz seiner eigenen schlechten finanziellen Lage ihm geschuldetes Geld von der Witwe eines Kameraden nicht annimmt (I,6), ebenso gegenüber seinem Diener Just (I,8) und vor allem gegenüber Minna, die er nicht in sein Unglück hineinreißen will.
Hilfreich für die Beurteilung ist auch Lessings eigene theoretische Unterscheidung zwischen Lachen und Verlachen, die er in der ‚Hamburgischen Dramaturgie' macht: „[...] wo steht es denn geschrieben, daß wir in der Komödie nur über moralische Fehler, nur über verbesserte Untugenden lachen sollen? Jede Ungereimtheit, jeder Kontrast von Mangel und Realität ist lächerlich. Aber lachen und verlachen ist sehr weit auseinander. Wir können über einen Menschen lachen, bei Gelegenheit seiner lachen, ohne ihn im geringsten zu verlachen" (28. Stück). Entscheidend sei nicht der Fehler, sondern der gute oder schlechte Charakter des Trägers.
Bei dem sogenannten Ehrentick handelt es sich genau besehen gar nicht um einen 'Fehler', sondern um die scharf und gegen die eigene Neigung gezogenen Konsequenzen aus seiner Situation. Daraus folgt für den zwar etwas starren, im übrigen aber großmütigen, ehrenhaften und taktvollen Tellheim, daß man wohl über sein Verhalten lachen, ihn aber nicht wie in der satirischen Verlachkomödie verlachen kann. Er ist im Gegenteil ein „Mann von Charakter", der die bürgerliche Tugend der Redlichkeit mit unbedingtem Einsatz verwirklicht (vgl. Brüggemann, Mat. V.1).
Wenn man von einem 'Fehler' sprechen will, dann liegt er ganz woanders: Tellheim ist stolz und verstockt (Minnas Urteil in III,12), er will sich nicht helfen lassen, schon gar nicht von einem Untergebenen. So weist er Werners Geld zurück, während er von Frau Marloff erwartet, daß sie seins annimmt. Statt Werners Hilfe vorübergehend zu nutzen, versetzt er Minnas Ring, womit er sich an ihrer Liebe schuldig macht. Zeitweise ist er passiv und verblendet, nur auf seinen eigenen Standpunkt fixiert und Argumenten unzugänglich.
Nur in diesem Punkt wird er durch Minna einer Erziehung unterworfen, die seinen 'Fehler', sein starres Beharren auf dem Ehrbegriff bessert, indem er andere Möglichkeiten sieht und

die ideologische Verfestigung des Ehrbegriffs erkennt. (Entkommen kann er ihm freilich nur durch das Verlassen der Gesellschaft.) Trotz seiner Positionsänderung bleibt er der ehrenfeste Charakter, der er war. Es handelt sich also um eine „Enthüllung des Charakters mit Hilfe der Intrige" (Steinmetz: Komödie der Aufklärung, S. 73).

4.1.3 Minna

Das Fräulein Minna von Barnhelm zeigt sich als emanzipierte, die Konventionen durchbrechende Frau. Sie ist entschlossen, Tellheim zu lieben, nachdem sie von seiner edelmütigen Tat gegenüber den sächsischen Ständen gehört hat. Als um den Mann gegen Widerstände Werbende weicht sie von dem herkömmlichen Frauenbild entscheidend ab. Sie ist aufgeklärt, geistreich, stark, Tellheim in gesundem Menschenverstand überlegen, und hofft zuversichtlich auf ihr Glück. Als Spielführerin behält sie (fast) alles in der Hand. Sie setzt auf Vernunft und spricht gleichzeitig die Sprache des Herzens, direkt und unverstellt, bis sie dann in der Intrige eine Rolle übernimmt, die sie zu einer anderen Verhaltensweise nötigt.

Diese spielt sie dann beharrlich und mit Freude und will Tellheim ein wenig martern, ihm einen Streich spielen, überzieht dann allerdings ihre Position ein wenig, so daß es beinahe schiefgeht; „boshafter Engel" nennt sie Tellheim in V,12. Ein bißchen Leichtsinn und Übermut ist dabei. Ihre Liebe zum Spiel und zu spielerischem Verhalten bringt sie in eine Parallele zu Riccaut. Auch sie versucht wie er, das Glück in die eigene Hand zu nehmen.

4.1.4 Riccaut de la Marlinière

Die Figur des Chevaliers wurde gelegentlich als überflüssig angesehen, weil er nur in einer Szene auftaucht und dann wieder verschwindet. Abgesehen von seiner Funktion als früher Ankündiger der königlichen Verzeihung stellt er eine Parallel- und Kontrastfigur zu Tellheim dar. Auch er ist entlassener Offizier ohne Geld und Aussichten. Im Gegensatz zu dem steifen und ernsten Tellheim ist er kontaktfreudig, gewandt und gewissenlos. Er betont seine Ehrenhaftigkeit und nennt sich selbst einen „Honnêt-homme", schlägt sich aber als Spieler durch, der möglicherweise vom Betrügen lebt, was er „corriger la fortune" nennt. Über das Motiv des Spiels, das auch Minna liebt, ergibt sich eine Verbindung mit ihr, freilich haben beide unterschiedliche Zielsetzungen.

Giese (1984) hat die Ansicht vertreten, man müsse Riccaut nicht als Schurken und Betrüger sehen, sondern als Figur, die das Motiv des Glücks verkörpert. Seine Aussagen seien vielleicht entgegen seinem sprechenden Namen gar nicht einmal falsch, denn seine Not widerspreche seiner Angabe, daß er ein Falschspieler sei. Minna korrigiert dann, nachdem sie ihm geholfen und sich darüber geärgert hat, ihre Ansicht und entschließt sich, ihn für einen Unglücklichen zu halten (IV,3), wobei sicherlich der Gedanke an Tellheim eine Rolle spielt.

Schema zu Riccaut, Tellheim, Minna

4.1.5 Personenbeziehungen – Dialektik der Standpunkte

Es ist sicherlich sinnvoll, die Charaktereigenschaften der handelnden Personen zu beschreiben und entsprechende Zitate zusammenstellen zu lassen, die ihre Standpunkte verdeutlichen. Man muß aber auch sehen, daß sie zueinander in Beziehungen stehen. Für sich allein genommen mag jeder Recht haben; die Position des anderen begrenzt und relativiert jedoch seinen Standpunkt. So kommt es zu einer geheimen Ironie durch die dialektische Auflösung oder zumindest Infragestellung der Standpunkte.
Sie macht nicht zuletzt den Reiz des Lustspiels aus und ist wohl auch der Grund für die vielfältigen Deutungen, die das Stück erfahren hat. Das Urteil über die Charaktere ist schwierig, weil für verschiedene Standpunkte entsprechende Belege zu finden sind. Hat Tellheim einen 'Ehrentick', oder ist sein Verhalten richtig und zu rechtfertigen? Ist Minna zu rational und kalt, oder entspringt ihre Intrige ihrer herzlichen Liebe und dem Übermut?
Weiterhin geht es im Verhältnis der Personen zueinander oft um bestimmte Begriffe, die aber unterschiedlich aufgefaßt oder verwendet werden oder denen von den Personen unterschiedliche Bedeutungen beigelegt werden. Tellheim diskutiert mit Minna über Ehre und Liebe – dies soll weiter unten ausführlich dargestellt werden – und mit Just über Dienertreue (I,8), mit Werner über Soldatsein und Freundschaft (III,7).
Minnas Beziehung zu Riccaut läßt sich, wie schon dargestellt, über den Begriff des Spiels und des 'corriger la fortune' herstellen, wobei hier besonders deutlich wird, daß beide etwas anderes meinen. Spiel, Glück und das 'corriger la fortune' beziehen sich für Riccaut auf *Spielgewinn*, auf Geld und (betrügerische) Tricks, für Minna auf gewagtes, unkonventionelles Vorgehen, mit dem sie ihr *Lebensglück* zu erreichen sucht. Wenn Riccaut und Tellheim von Ehre sprechen, dann verstehen sie jeweils etwas anderes darunter. Franziska und Minna sind unterschiedlicher Meinung darüber, wie weit man das Spiel mit Tellheim treiben darf. Just und Franziska haben eine Auseinandersetzung über redliches Dienen, wobei Just ihr in einem witzigen und geistreichen Dialog eine Lehre erteilt, was es bedeutet, nur „ein ehrlicher Kerl" zu sein (III,2).
Zentral ist der Begriff Geld, der fast zwischen allen Personen auf die eine oder andere Weise eine wichtige Rolle spielt, auch zwischen dem König und Tellheim und zwischen ihm und Minna. In dem Gesamtüberblick, der abrißhaft die Beziehungen der Personen anhand der Schlüsselbegriffe andeutet, wird er deshalb (außer beim Wirt) wegen der Übersichtlichkeit weggelassen (siehe Schema auf Seite 16).

4.2 Handlungsaufbau

Das Stück spielt am 22. August (1763) in einem (Berliner) Gasthof. Der Ort ist, den Möglichkeiten der Bühne zu Lessings Zeit entsprechend, abwechselnd der Saal des Gasthofs und das Zimmer Minnas. Der erste Akt spielt am Morgen, der zweite anschließend, der dritte am Mittag, der vierte am Nachmittag und der fünfte daran anschließend, so daß man die dargestellte Zeit mit etwa einem Tag veranschlagen kann.
Lessing baut sein Stück mit genau kalkulierten Wirkungen. Der Zuschauer erfährt nur stückweise die Voraussetzungen des gesamten Geschehens, zunächst aus der Perspektive von Just in dessen Auseinandersetzung mit dem Wirt.
Dargestellt werden zwei Vorgänge: Den Rahmen gibt Tellheims Ehrprozeß, von dessen Einzelheiten im Stück nicht die Rede ist, er wird von außen ohne Zutun der Personen entschieden. Das Zentrum bildet die Auseinandersetzung zwischen Tellheim und Minna, bei der es um Liebe, Glück, Ehre und gesellschaftliche Normen geht.

Schlüsselbegriffe im Verhältnis der Personen zueinander (zu Seite 15, 4.1.5):

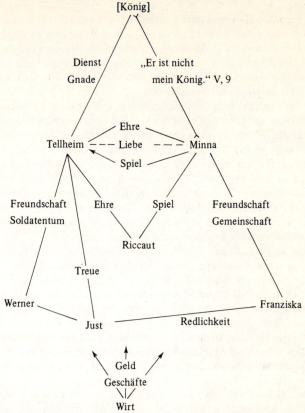

Die Handlung entfaltet sich aus den Charakteren. Sie ist eine Art Zweikampf zwischen Minna und Tellheim, bei dem schließlich Minna als die Überlegene und Beweglichere siegt, obwohl die Kommunikation zwischendurch scheitert und das gute Ende beinahe verfehlt wird.

Tellheim, ein abgedankter Offizier Friedrichs II., wohnt nach dem Siebenjährigen Krieg im Gasthof „Zum König von Spanien" in Berlin. Er ist in einer schwierigen Lage, da er kein Geld mehr besitzt. Aus diesem Grund wird er von dem Wirt in ein schlechteres Zimmer umquartiert, als ein sächsisches Edelfräulein mit ihrer Zofe anreist.

Es stellt sich heraus, daß dies seine Verlobte ist, die von ihm lange nichts mehr gehört hat und ihn nun sucht. Nach anfänglicher Freude über das Wiedersehen tut Tellheim kund, daß er die Verlobung nicht aufrecht erhalten könne, weil er im Unglück sei. Er müsse auf sie verzichten, obgleich er sie noch liebe. Als sie sich verlobten, sei er gesund, reich und angesehen gewesen, nun sei er ein abgedankter Krüppel und könne das Fräulein nicht in seine Misere hineinziehen. Vergebens stellt ihm Minna vor, dies alles sei kein Problem, da sie reich sei, doch Tellheim besteht auf Trennung.

Erst relativ spät erfährt der Zuschauer, der den Ehrenpunkt bis dahin für eine fixe Idee und für einen 'Spleen' gehalten hat, den Hintergrund: Tellheim hat den sächsischen Ständen, die nach der Niederlage die von Preußen auferlegte Kontribution nicht zahlen konnten, aus eigener Tasche Geld vorgeschossen, was ihm nun als Pflichtverletzung und möglicherweise als passive Bestechung ausgelegt wird, weshalb er seine Ehre für gekränkt hält (IV,6).

Nun entspinnt sich der Kampf zwischen Minna und Tellheim, bei dem der Gesichtspunkt der Liebe gegen den der Ehre steht. Als Minna durch vernünftiges Zureden Tellheim nicht von seinen Vorstellungen abbringen kann, greift sie zu einer Intrige: Sie kauft den von ihm aus Geldnot versetzten Ring von dem Wirt zurück und spielt überdies die ihrerseits in finanzielle Not Geratene. Damit appelliert sie mit Erfolg an Tellheims Ritterlichkeit und an seinen guten Charakter, denn der Bedrängten will er sofort beistehen.

Im fünften Aufzug folgt eine Umkehr der Positionen. Tellheim wird durch ein königliches Handschreiben völlig rehabilitiert, doch Minna will ihn noch etwas quälen und spielt weiter die Unglückliche. Sie nimmt nun spielerisch die Standpunkte ein, die Tellheim gerade aufgegeben hat, während er ab V,4 vom Standpunkt der Liebe aus argumentiert und mit den verschiedensten Vorstellungen um sie wirbt. Er wäre sogar bereit, der Liebe wegen seine Rehabilitierung zu verschmähen und dem Dienst des Königs aufzusagen.

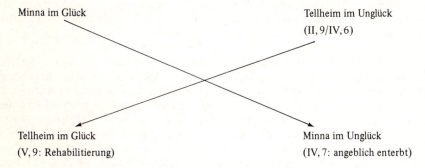

Indessen mag Minna ihre Verstellung nicht aufgeben und treibt sie immer weiter, bis ihr das Spiel mit dem Ring beinahe zum Verhängnis wird, denn Tellheim glaubt, Minna habe es inszeniert, um mit ihm zu brechen. Da ergibt sich eine erneute Wendung durch das Erscheinen des Grafen Bruchsall, gegen den Tellheim Minna schützen will, was ihn wieder auf ihre Seite bringt.

Vorgeschichte (wird erst in IV,6 enthüllt):
Tellheims Auftrag, Kontributionen in Sachsen einzutreiben; seine Milde und Hilfsbereitschaft; Bekanntschaft und Verlobung mit Minna; Handlung setzt nach dem Friedensschluß ein.

I. Tellheim, aus der Armee entlassen, mittellos in einem Berliner Gasthof; zeigt sich edelmütig, weist Hilfe zurück, versetzt seinen Ring.

II. Minna erkennt den versetzten Ring wieder; Begegnung der Verlobten, Distanzierung T.s, weil er im Unglück und in seiner Ehre gekränkt sei.

III. Rechtfertigung T.s in einem Brief, den Minna angeblich nicht liest. T. weist Werners Hilfe zurück. M. hält T. für stolz, überlegt einen „Streich", um ihn zu „martern".

IV. Riccaut als Kontrastfigur, Tellheims erneute Weigerung. Hintergründe seines Unglücks: Verdacht der Bestechung. M. akzeptiert sein Verhalten nicht. Krise T.s: Menschenverachtung, Zweifel an der Vorsehung. Rückgabe des (falschen) Ringes; Minnas angebliche Enterbung; Tellheims Reaktion.

V. Tellheim ändert seine Haltung, will M. beschützen; sie führt die Intrige weiter. T. rehabilitiert. Vertauschung der Rollen. Aufgabe des Ehrenstandpunkts durch T. Minna gerät in Schwierigkeiten wegen des Ringes: neue Krise. Ankunft des Erbonkels, glückliches Ende.

4.3 Zweikampf mit Argumenten – Analyse von II,9 und IV,6

4.3.1 Der Streitfall

Die 'innere' Seite des Vorgangs, wesentlich interessanter als der durch nichts beeinflußte Ehrprozeß, ist der Kampf zwischen Minna und Tellheim. In dieser sehr ernsthaften Auseinandersetzung über die Begriffe Liebe und Ehre wird mit verschiedenen Mitteln gearbeitet. Mal scheint sie, mal er im Vorteil, so daß der Zuschauer ständig zwischen der Parteinahme für Minna oder für Tellheim schwankt.
Das Problem besteht darin, daß Tellheim wegen seiner Situation glaubt, auf Minna verzichten zu müssen. Er argumentiert im Namen der Ehre, Minna im Namen der Liebe. In einem Gegeneinander von Argumenten, Haltungen, Meinungen und auch Tricks versuchen beide (vornehmlich in II,9, IV,6 und V,9–11), den andern von der Richtigkeit ihrer eigenen Anschauung zu überzeugen. Es handelt sich um einen Kommunikationsprozeß mit mehrfachen Umschwüngen, der dauernd zu scheitern droht und am Ende auch wirklich scheitert.
In II,9 kommt es zur ersten Begegnung. Minna spricht direkt, unverstellt und herzlich, wenn sie „mit offenen Armen" auf Tellheim zugeht: „Alles, was ich suchte, habe ich gefunden." Der aber meint, verzichten zu müssen: „Vernunft und Notwendigkeit befehlen, Minna von Barnhelm zu vergessen" (S.38). Minna klärt zunächst, ob er sie noch liebe, fordert ihn dann auf, ihr sein Unglück zu erläutern. Sie will, als „große Liebhaberin von Vernunft", prüfen, „wie vernünftig diese Vernunft, wie notwendig diese Notwendigkeit ist" (S.40). Ohne Näheres zu offenbaren, nennt sich Tellheim einen Bettler, Krüppel usw., der im Unglück sei und die Verbindung lösen müsse, um „keine Niederträchtigkeit zu begehen" und sie „keine Unbesonnenheit begehen zu lassen" (S.41).
Ihr nächstes Zusammentreffen geschieht, nachdem er eine briefliche Klärung versucht hat, erst wieder in IV,6. Minna hat den Brief angeblich nicht gelesen und tut so, als gelte die Verlobung weiterhin als abgemachte Sache. Tellheim erklärt, er müsse tun, was ihm „die Ehre befiehlt", worauf sie ihm trocken antwortet, das sei „ein ehrliches Mädchen, die Sie liebt, nicht sitzen zu lassen" (S.76). Sie stellt ihm ihre Situation als verlassene Verlobte dar, zeigt aber zugleich Selbstbewußtsein. Ihre Neider könnten zwar nicht leugnen, daß sie reich sei, wohl aber, „daß ich auch sonst noch ein ziemlich gutes Mädchen bin, das seines Mannes wert ist" (S.77).

4.3.2 Minnas Bewertung des Falles

Tellheim bleibt bei seiner Meinung und wiederholt seine Argumente: Er sei abgedankt, in seiner Ehre gekränkt, ein Krüppel und Bettler. Minna überprüft nun, vernünftig und überlegen, der Reihe nach seine Gründe und findet sie nicht überzeugend, sondern übertrieben. Dabei verschiebt sie allerdings unmerklich die Positionen, indem sie die Ehrenkränkung mit der Verabschiedung zusammenzieht.
Daß er verabschiedet ist, hält sie für ein Glück: Nun sei er frei für sie. Den Krüppel akzeptiert sie nicht und treibt mit der geringfügigen Lähmung seines Armes durch einen Schuß sogar noch ihre Späße. Auf seine Vorhaltung, sie wolle lachen, während er das nicht so lustig finden könne, hält sie einen kleinen Vortrag über den Nutzen des Lachens, dessen Grundgedanken man auch in Lessings Poetik der Komödie finden kann. „Was haben Sie denn gegen das Lachen? Kann man denn nicht auch lachend sehr ernsthaft sein? Lieber Major, das Lachen erhält uns vernünftiger, als der Verdruß [...] Ihre lachende Freundin beurteilet Ihre Umstände weit richtiger, als Sie selbst" (S.78f.).

Dann geht sie seine Einwände im einzelnen durch. Seine angebliche Ehrenkränkung, seine Verletzung kann sie so schlimm nicht finden. Den Vermögensverlust hält sie für eine Bagatelle, außerdem werde er ihm ersetzt werden. Er übertreibe in allen Punkten, und das Übertriebene sei lächerlich. Diese Tatsache sei nicht ihre Erfindung. Damit endet die erste Phase des Dialogs von IV,6. Wenn es sich um einen Boxkampf handelte, könnte man sagen, die Runde sei an Minna gegangen.

4.3.3 Ernsthaftigkeit des Problems

Tatsächlich aber hat sie seine wirkliche Situation noch nicht wahrgenommen, vor allem deswegen, weil Lessing den Sachverhalt bisher sorgfältig verborgen hat. In der nun folgenden zweiten Dialogphase (S.79 ab Z.20) erklärt Tellheim, worum es sich handelt. (Bei dieser Einteilung in vier Phasen folge ich Martini, S.90ff.) Tellheim hat den sächsischen Ständen, als er die Kontribution eintreiben sollte, mit eigenem Geld ausgeholfen und einen Wechsel dafür angenommen, der nun als Bestechung angesehen wird. „Hierdurch, mein Fräulein, halte ich meine Ehre für gekränkt; nicht durch den Abschied [...]" (S.80). Das klingt etwas anders als in der Formulierung von Minna, die sich nun doch betroffen zeigt, und auch der Zuschauer erkennt nun die bisher verheimlichte Ernsthaftigkeit des Problems.

Ihr vorheriger Mutwille scheint verflogen. Er fordert sie auf zu lachen: „Warum lachen Sie nicht, mein Fräulein?" und bricht selbst in bitteres Gelächter aus, das Minna als „schreckliche[s] Lachen des Menschenhasses" bezeichnet. Sie versucht ihn zu trösten: Man werde ihn zumindest in Sachsen nicht verkennen, die Vorsehung halte den ehrlichen Mann immer schadlos, außerdem habe seine edle Tat dazu geführt, daß sie sich in ihn verliebt habe. Sie versucht ihm ihren Optimismus mitzuteilen und ihn in eine andere Blickrichtung zu lenken: „Hierher Ihr Auge! auf mich, Tellheim!" Auf sie solle er schauen statt „auf das Gespenst der Ehre" (S.81).

Doch der beschwörende Appell nutzt nichts, Tellheim hört ihn gar nicht, hat nur das Stichwort Othello aufgenommen. Die Kommunikation bricht ab, weil der Major über den Mohren in venetianischen Diensten nachzudenken beginnt und überlegt, ob dieser kein Vaterland hatte. Die letzte von drei Fragen, die er sich über den Mohren von Venedig stellt, gilt auch für ihn als den Kurländer in preußischen Diensten: „Warum vermietete er seinen Arm und sein Blut einem fremden Staate?" (S.81) Minna erschrickt und will den Dialog abbrechen. Tellheim ist wie in Trance. Sie faßt ihn an der Hand und will den Wagen vorfahren lassen, um mit ihm gemeinsam die anfangs vorgeschlagene Fahrt in die Stadt zu unternehmen. Er reißt sich los und beteuert seine Entschlossenheit, sich nicht von seiner Meinung abbringen zu lassen, beteuert auch, er sei bei Verstande, was er offensichtlich immer weniger zu sein scheint.

4.3.4 Verstrickung und Scheitern der Kommunikation

In dieser dritten Gesprächsphase verstrickt er sich mehr und mehr in sein Ehrproblem. Minnas Einwand, Riccaut sei mit einer guten Nachricht unterwegs gewesen, bringt keine Änderung. Es kommt heraus, daß er selbst schon Kenntnis davon hat, daß die Vorwürfe gegen ihn vom König niedergeschlagen sind. Trotzdem zweifelt er an der Wiederherstellung seiner Ehre und meint, man wolle ihn nur „laufen lassen", er bestehe aber auf Gerechtigkeit und verzichte auf Gnade. Zusehends wird er verbohrter, beginnt zu drohen und zu trotzen, wobei sich die Drohungen gegen ihn selbst richten: „Eher soll mich hier das äußerste Elend, vor den Augen meiner Verleumder, verzehren –" (S.82). Er äußert Definitionen der Ehre, die Minna kurz abschneidet und tautologisch ad absurdum führt: „Die Ehre ist — die Ehre", womit sie anzeigt, daß er sich so in sein Problem verbissen hat, daß ihm argumentativ nicht beizukommen ist.

Im Grunde hat sie allerdings sein Problem nicht verstanden oder nimmt es nicht ernst genug, die Tatsache, daß er unter dem Verdacht der Bestechlichkeit aus der Armee unehrenhaft entlassen wurde und sie ohne sein völlige Rehabilitierung nicht heiraten kann. „Das Fräulein von Barnhelm verdient einen unbescholtenen Mann. Es ist eine nichtswürdige Liebe, die kein Bedenken trägt, ihren Gegenstand der Verachtung auszusetzen" (S. 83). Das ist allerdings ein ernstes Argument. Mit dem anschließenden, dazu parallel gebauten Satz wird er dann beleidigend: „Es ist ein nichtswürdiger Mann, der sich nicht schämet, sein ganzes Glück einem Frauenzimmer zu verdanken, dessen blinde Zärtlichkeit —" (S. 83).

4.3.5 Beginn der Intrige

Nun wird es Minna zuviel. Sie kehrt ihm den Rücken, verständigt sich kurz mit Franziska und wechselt dann den Ton. Er hat sie herausgefordert, und nun beginnt im vierten Teil des Dialogs von IV,6 ihre Intrige und ihr Spiel, mit dem sie ihn an den Rand der Verzweiflung bringt.

Tellheim hat gemerkt, daß sie ungehalten ist, und stellt dies fest, möglicherweise mit der Absicht, sich zu entschuldigen. Doch für sie ist das Ende der Argumente gekommen, sie spricht zu ihm in höhnischem Ton und fertigt seine Einwürfe ganz kurz ab, macht gleichzeitig dunkle Andeutungen („Vielleicht würde mir Ihr Mitleid gewährt haben, was mir ihre Liebe versagt." S. 83), verweigert auf Nachfragen die Auskunft, verspottet ihn paradox-ironisch („Sie haben zu viel Ehre, als daß Sie die Liebe verkennen sollten" S. 84), und gibt ihm schließlich den Ring zurück.

Da es sein eigener, vom Wirt ausgelöster ist, stehen Minnas Spiel und gemeinte Wirklichkeit im Gegensatz zueinander: Die Übergabe des Ringes bedeutet eher eine Bekräftigung des Verlöbnisses als die Trennung. Tellheim nimmt das nicht wahr. Er ist außer Fassung, macht nur schwache, kurze Einwürfe, meist in Frageform, und bekommt, ehe Minna abgeht, noch das Wort „Verräter" an den Kopf geschleudert. Dieser Abgang Minnas ist die genaue Umkehrung des Schlusses von II,9, als er vor ihr flieht.

4.3.6 Rollenwechsel — Umkehr der Positionen (V. Aufzug)

Die angeblich neue Situation Minnas ändert Tellheims Einstellung, obgleich sich seine eigene Lage zunächst nicht geändert hat. Nachdem er von Franziska gehört hat, Minna sei enterbt und im Unglück (IV,7), wird er zum Werbenden und sie zur Umworbenen, die sich abwehrend verhält. Er fordert nun von Werner, daß er ihm Geld beschafft, um ihr beistehen zu können, er will Minna sofort heiraten und neue Kriegsdienste nehmen (V,1). Plötzlich fühlt er sich ganz anders, lebt auf (V,2).

Die Positionen kehren sich nun um, denn in V,9 wird Tellheim rehabilitiert. Minna bleibt unbeeindruckt davon. Konnte er sie vorher nicht heiraten, weil er im Unglück war und sie im Glück, so sei es jetzt umgekehrt. Sie könne ihn nicht nehmen, weil er im Glück sei und sie im Unglück.

Tellheim spricht nun die vorher von ihr gebrauchte Sprache des Herzens und der Liebe, sie aber bleibt ganz kalt und hetzt ihn (ab V,5) über verschiedene Stationen, mit neuen Mißverständnissen und Beinahe-Entdeckungen des wahren Sachverhalts in bezug auf den Ring. Da Tellheim aber trotz Franziskas Hilfe nicht sehend wird, hält Minna ihm unbarmherzig seine eigenen früheren Argumente und Redewendungen entgegen: „fest beschlossen [...] wovon mich nichts in der Welt abbringen soll" (S. 81/98), „äußerstes Elend" (S. 82/92), „nichtswürdige Liebe" (S. 83/98/99f.), „blinde Zärtlichkeit" (S. 83/100), „Gleichheit ist [...] festestes Band der Liebe" (S. 91/99).

Franziska will dem Spiel ein Ende machen, aber Minna duldet es nicht. Sie zwingt ihn geradezu in die Knie, indem sie das Ehre-Argument nun auf sich selbst anwendet, worauf er seine eigenen Äußerungen widerruft und für falsch erklärt. Beinahe bringt sie ihn dazu, auf die Rehabilitierung zu verzichten und das königliche Schreiben zu zerreißen, um wiederum Gleichheit – im Unglück – zwischen ihnen herzustellen (V,9). Die Ehre ist ihm plötzlich ganz gleichgültig. Bis sie dann den Bogen überspannt und Tellheim in die Verzweiflung und Menschenverachtung treibt (V,10), – diesmal wegen der Liebe und nicht wegen der Ehre. Nun hilft nur noch ein Deus ex machina, der in Gestalt des Grafen Bruchsall erscheint, um Minnas gescheitertes Spiel zum Guten zu wenden.

Stichworte zum Wechsel der Positionen:

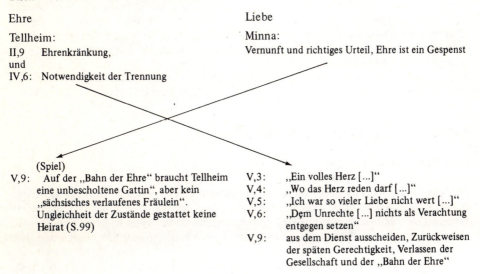

4.4 Spiel: Scheinhafter äußerer Konflikt

Minnas selbstsichere Führung des Spiels scheint die Garantie eines guten Ausgangs zu sein. Daß sie dem störrischen Tellheim einen Streich spielen, ihn „martern" will, wird schon sehr früh deutlich, zum erstenmal in III,12, in genauerer Form in IV,1 und dann in IV,3 und 5. Das Rollenverhalten Minnas wird begleitend immer wieder durch Franziska deutlich gemacht, die verschiedentlich anfragt, ob es nun mit der Verstellung nicht genug sei.

Doch ist das behandelte Problem nicht ohne Ernst, mehrfach ist angemerkt worden, daß das Geschehen sich dem Tragischen nähert und daß die glückliche Lösung nur Zufällen zu verdanken ist. Das ist insoweit richtig, als die Mißverständnisse und der Abbruch der Kommunikation zwischen den Liebenden tragisch enden könnten. Minnas Intrige, die alles richtig stellen soll, scheitert ja, entgegen ihrer Selbstgewißheit; sie bewirkt eine „Bankrotterklärung der ästhetischen Lustspielstruktur" (Schröder, 1972, S. 243), indem sie Tellheim in einen neuen Irrtum über sie verfallen und ihre Beziehung vorerst scheitern läßt. Die Szene V,11 führt nahe an solchen tragischen Schlußpunkt heran. Tellheim gerät, entgegen der von

Minna beabsichtigten Aufklärung, auf den Höhepunkt seiner Blindheit und verkennt und beschimpft seine treuesten Freunde: „Alle Güte ist Verstellung, alle Dienstfertigkeit Betrug" (S. 102).
Minna erkennt in diesem Augenblick, daß sie „den Scherz zu weit getrieben" hat, und versucht eine Erklärung. Ihre Meinung, sie brauche es ihm nur zu sagen („Doch er darf mich ja nur hören –"), erweist sich sofort als falsch: Tellheim „der vor Wut an den Fingern naget, das Gesicht weggewendet, und nichts höret" – so die Regieanweisung (S. 102), bleibt ganz unzugänglich. Daß Minna mit ihrer Intrige scheitern und erst durch den Oheim die Situation gerettet wird, scheint ein kleiner Hieb gegen die Selbstgewißheit der Aufklärung zu sein.
Dennoch ist das Tragische durch den Spielcharakter des ganzen Stücks und die Informationsstrategie gegenüber dem Zuschauer nicht zugelassen. Er weiß nämlich, daß es eigentlich gut ausgehen muß, jedenfalls im Hinblick auf Tellheims anfängliches Hauptproblem, die Anschuldigung der Bestechlichkeit. Die Ankündigung des königlichen Handschreibens, durch das Entlastung erfolgt (in IV,2), erscheint früher als die Formulierung des Problems, das in seinem Ernst für den Zuschauer und Minna erst in IV,6 deutlich wird. Da die Rehabilitierung schon angedeutet wird, ist der Konflikt, an dem Tellheim zu zerbrechen droht, in Wirklichkeit nur ein scheinbarer. Nur aus diesem Grund kann Tellheims Verhalten zeitweise sogar als komisch erscheinen.
Daneben gibt es die wiedererkennbaren Lustspielfiguren der Komödientradition, die – zu dieser Zeit noch – ein positives Ende verbürgen: den Wirt, Just als Diener und Riccaut.

4.5 Sprache und andere Ausdrucksmittel

4.5.1 Formprinzip des Witzes

Die sprachliche Meisterschaft Lessings zu entdecken, ist eine wichtige Aufgabe des Unterrichts. Auf den ersten Blick wirkt seine Sprache wegen des zeitlichen Abstands und der weitergegangenen Entwicklung etwas steif. Eine historische und analytische Betrachtung erweist sie jedoch als elegant, witzig und präzise. Sie ist auch voller Ironie, Brechungen und Doppeldeutigkeiten.
Die Figuren werden ansatzweise durch eine bestimmte Ausdrucksweise individualisiert, die aber nur bei den Nebenfiguren in etwa gleichbleibt. Hier fällt vor allem Riccauts Sprachkomik durch sein geradebrechtes Deutsch auf. Just und Werner sind einfachere Naturen, sie äußern sich knapp und bündig, manchmal grob und handgreiflich (Just möchte träumend den Wirt am liebsten prügeln, Werner wirft in V,11 Tellheim den Beutel vor die Füße).
Doch wird die Sprache fast bei allen außer bei Tellheim in der Hauptsache vom Formprinzip des 'witzigen' Sprechens (im Sinne der Aufklärung, d.h. des klugen und anspielungsreichen, unvermutete Verbindungen knüpfenden Sprechens) bestimmt. Als Beispiel kann der geistreiche Dialog in III,2 zwischen Just und Franziska dienen, der auf witzige Weise die Ehrlichkeit des treuen Dieners lobt, indem Just erzählt, warum Tellheim nur noch ihn als Diener hat. Den Kammerdiener läßt er reisen: er ist mit der Garderobe auf und davon; den Jäger ließ er aufheben, nämlich in der Festung von Spandau, usw. Das Gespräch in III,4 zwischen dem Wirt, Franziska und Werner – also ebenfalls auf unterer ständischer Ebene – ist durch ein Geflecht von Leitwörtern gekennzeichnet: Spaß/spaßhaft, gefährlich/Gefährlichkeit, Freund. Sie charakterisieren die männlichen Teilnehmer des Gesprächs und ihr Verhältnis zu Tellheim.

4.5.2 Sprache des Herzens — Sprache der Formeln

Kultiviert wird das witzige Sprechen vor allem durch Franziska und Minna, hier teilweise ebenfalls übergehend in eine pointenreiche Ausdrucksweise im Sinne der heutigen Bedeutung des Witzes. Tellheim spricht anfangs steif, zeremoniell formelhaft, sehr oft abweisend, Minna dagegen unverstellt und herzlich. Beide Protagonisten verfügen gegenüber den Dienern über ein weiteres Feld von Ausdrucksmöglichkeiten und verändern durch den späteren Rollenwechsel auch ihre Ausdrucksweise. Minna gibt sich theatralisch und parodiert damit sein früheres Verhalten in Geste und Wort. Sie stellt sich kalt und höhnisch, während er die früher von ihr gebrauchte „Sprache des Herzens" (Böckmann) übernimmt.

Am Beispiel ihres ersten Zusammentreffens in II,8 lassen sich drei verschiedene Ausdrucksweisen demonstrieren. Tellheim zunächst herzlich: „Ah! meine Minna! —" dann, revidierend: „Verzeihen Sie, gnädiges Fräulein, — das Fräulein von Barnhelm hier zu finden —", darauf Minna: „Ich soll Ihnen verzeihen, daß ich noch Ihre Minna bin? Verzeih' Ihnen der Himmel, daß ich noch das Fräulein von Barnhelm bin! —" (S. 37), womit sie witzig rügt, daß er sich so lange nicht um sie gekümmert und sein Verlobungsversprechen noch nicht eingelöst hat.

Sprache und Sprechton werden mehrfach auch inhaltlich thematisiert, zum Beispiel in II,9: „In was für einen Ton bin ich mit Ihnen gefallen! Ein widriger, melancholischer, ansteckender Ton. — Ich nehme den meinigen wieder an. — Nun, mein lieber Unglücklicher" usw. (S. 39). In derselben Szene beschreibt Tellheim mit rhetorischem Aufwand seine Identitätskrise. Minna rügt die Art seines Sprechens: „Das klingt sehr tragisch!" und antwortet auf seine Klage ironisch-herzlich, sie müsse wohl den Tellheim nehmen, der vor ihr stehe, weil sie nun mal in die Tellheims vernarrt sei: „Deine Hand, lieber Bettler!" (S. 40)

Das Rhetorische spielt eine wesentliche Rolle: Antithesen, Wiederaufnahmen von Wörtern, Parallelismen, Fragen und Abbrüche sind wichtige sprachliche Mittel, die sich in jeder Szene nachweisen lassen.

Die Bildlichkeit ist dagegen begrenzt, selten werden Metaphern gebraucht. Bedeutung hat die (Glücks)Spielmetapher in bezug auf Riccaut und Minna („Der König war eine unglückliche Karte für Sie: Die Dame (auf sich weisend:) wird Ihnen desto günstiger sein." S. 80); Tellheim benutzt sie einmal in drei parallel begonnenen Nebensätzen, die dann keine Fortsetzung finden: „Wenn nicht noch ein glücklicher Wurf für mich im Spiele ist, wenn sich das Blatt nicht völlig wendet, wenn —" (S. 81). Das Schlimmste, was noch folgen könnte, bleibt ungesagt.

Sehr stark macht Lessing auch von dem Gedankenstrich als Zeichen des Abbrechens Gebrauch; im übrigen unterstützt er die Sprache durch sehr präzise Szenenanweisungen, die das Gesagte verdeutlichen, ergänzen und gelegentlich ersetzen. Gutes Beispiel für die pantomimische Unterstützung ist die erwähnte Szene II,8, in der beim Zusammentreffen eine Spannung zwischen Sprache und gestischem Ausdruck sichtbar wird. Manchmal stimmt das, was gesagt wird, auch nicht mit der Situation überein, etwa wenn Tellheim sich mit seinen Ausführungen über die Ehre in Blindheit und Verstockung hineinredet, beteuernd, noch habe er seinen gesunden Verstand (S. 81). Einer teilweisen Fehleinschätzung unterliegt er noch in V,5, als er glaubt, durch das Mitleid sehend geworden zu sein, aber Minnas Verstellung noch längst nicht durchschaut.

4.5.3 Wortmotive

Die kalkulierte Machart des Stücks zeigen vor allem die Wortmotive und sprachlichen Bedeutungsfelder, durch die die Szenen miteinander verknüpft sind: Ehre, Spiel, Liebe,

Glück, Geld, Vernunft, Notwendigkeit sind die wichtigsten sprachlichen Komplexe des Gesamtzusammenhangs. Für Tellheims Wandel ergibt sich von der Sprache her ein Wechsel von der Metaphorik des Blindseins und der Verstockung zu der des Sehens, Hörens und Erkennens in den letzten Szenen (vgl. Schröder, 1977, der die biblische Parabel vom Blinden als Hindergrund des Geschehens sieht).

Semantische Untersuchungen lohnen, denn die Bedeutung der verwendeten Wörter wechselt, z. B. bei Ehre und bei Glück. Giese (1986) hält mit guten Argumenten 'Glück' für das zentrale Motiv des ganzen Stücks, differenziert seine Bedeutungen mit Hilfe englischer und französischer Umschreibungen und ordnet die Sonderbedeutungen den einzelnen Personen zu. Er unterscheidet 'chance' als günstige Gelegenheit, 'bonheur' als seelisch-privates Glück, 'fortune' als das wechselnde günstige oder ungünstige Geschick und als materiellen Wohlstand, 'félicité' und 'béatitude' schließlich als „stilles, heiteres, bescheidenes Glück, das – nicht so flüchtig wie 'chance', nicht so sinnlich erfüllt wie 'bonheur', nicht so materiell akzentuiert wie 'fortune' – fast ins Religiöse hineinreicht" (S. 24).

Eine Zuordnung zu den Personen ergibt sehr plausibel für Riccaut 'chance' und 'fortune', für Minna 'bonheur', für Tellheim, der sich im Unglück wähnt, den ungewissen, passiv erduldeten Glückswechsel, den Fortuna bringt. Im Hinblick auf die schlechte Ausgangslage der beiden verabschiedeten Soldaten Tellheim und Riccaut vermutet Giese, daß der Untertitel „das Soldatenglück" zumindest zeitweise nur ironisch verstanden werden kann, im übrigen aber ein Synonym für Schicksal sei: „[...] das schließt Versehrtheit ein (Tellheim) und Tod (Marloff), ruinösen Abschied (Riccaut), aber auch die trotz allem gehegte Hoffnung auf militärische Karriere (Werner)" (S. 25).

Indirekt zu erschließen ist die Bedeutung des Glücks für den Wirt (Geld) und für Just (treuer Dienst, s. die Geschichte mit dem Pudel in I,8).

5 Adeliges Ehrprinzip und bürgerliche Ethik

5.1 Kritik des Söldnertums

In der älteren Germanistik gab es eine Debatte darüber, ob Lessing mit dem Eingreifen des Fürsten eine Glorifizierung des Preußenkönigs im Sinn hatte, oder ob er eine Satire auf den friderizianischen Staat schreiben wollte (zusammenfassend Kiesel, Arbeitsbuch Lessing, S. 258f.). Daß die Frage kontrovers blieb, liegt daran, daß sich für beide Positionen Belege aufführen lassen (s. auch 3.2).
Die fritzische oder antifriderizianische Tendenz ist, mit Kiesel zu urteilen, heute auch nicht mehr aktuell. Wohl aber die Frage der alten und neuen gesellschaftlichen Normen und der Geltung des adeligen Ehrprinzips, bei dem man sich nicht ohne weiteres für die eine oder andere Seite entscheiden kann. Die Positionen von Minna und Tellheim relativieren sich gegenseitig, die Informationsstrategie des Autors verhindert eine punktgenaue Auseinandersetzung zugunsten eines dramaturgischen Schaukelprinzips, bei dem mal der eine, mal die andere recht zu haben scheint.
Auffällig und fast unerklärlich scheint, daß Tellheim gegen Ende plötzlich sein lange verteidigtes Ehrprinzip fahren läßt, um die Liebe zu Minna an die erste Stelle zu setzen. Hätte er das nicht schon früher haben können?
Offenbar hat es etwas mit einer veränderten Einstellung zu seinem Beruf als Soldat zu tun. Er ist Adliger, Kurländer in preußischen Diensten, dem es aber im Gegensatz zu Riccaut oder Werner nicht gleichgültig ist, wem er dient. In III,7, im Gespräch mit Werner, läßt er patriotisch deutbare Züge erkennen und kritisiert scharf das Söldnertum, indem er sagt: „Man muß Soldat sein, für sein Land; oder aus Liebe zu der Sache, für die gefochten wird. Ohne Absicht heute hier, morgen da dienen: heißt wie ein Fleischerknecht reisen, weiter nichts" (S.57).
Er hat wohl einem der Freibataillone angehört, die zunächst als Kanonenfutter benutzt und nach dem Krieg ohne weitere Versorgung entlassen wurden (eine Quelle zum Verfahren im Preußen Friedrichs bei Hein, S.93f.). Seine Auseinandersetzung mit dem preußischen Staat gibt ihm nun Anlaß zur Nachdenklichkeit, und mehrfach fallen bittere Bemerkungen über den Dienst bei den Großen und das Söldnerwesen (S.77, 81).
Tellheim ist sehr nahe daran, die Funktion, die dem Ehrprinzip in diesem Zusammenhang zukommt, zu erfassen, wenn er sagt: „Die Großen haben sich überzeugt, daß ein Soldat aus Neigung für sie ganz wenig; aus Pflicht nicht viel mehr: aber alles seiner eigenen Ehre wegen tut" (S.77). Minna durchschaut das Ehrprinzip als ideologisch, kann ihm diese Einsicht aber nicht vermitteln.
Sie zieht nur den scherzhaften Schluß, er sei im Begriff, den Herrn zu wechseln, und präsentiert sich bildlich als seine neue Gebieterin, was aber für ihn – noch – keine Problemlösung darstellt. Denn er ist im Augenblick von der Gesellschaft abhängig, und die spricht ihm die Ehre ab. Er ist gerade durch die gute Tat, die er im Kriege getan hat und durch die er sich als autonomer Charakter erwiesen hat, in Verdacht geraten, weil sich die Gesellschaft eine solche Hochherzigkeit nicht vorstellen kann.

5.2 Absage an Gesellschaft und König

Der Verlust des Ansehens, den er erlitten hat (ablesbar z. B. an dem Verhalten des Wirtes), löst eine Krise seines Selbstwertgefühls aus, die zur Selbstentfremdung und zum Fatalismus führt und sein merkwürdiges Verhalten gegenüber Minna erst erklärt. Sie kann ihn daraus nicht befreien, obgleich sie eine Kritik des Ehrprinzips anstrebt. Er vermag es erst zu durchschauen, als sie ihn durch einen Trick auf den Weg des Mitleids gebracht hat. Ihr angebliches Unglück stellt eine vermeintliche Gleichheit zwischen ihnen her, die an der Situation nichts ändert, ihn aber auf die Idee kommen läßt, ganz mit der Gesellschaft zu brechen und auszuwandern: „Nein, nichts soll mich hier länger halten. Von diesem Augenblicke an will ich dem Unrechte, das mir hier widerfährt, nichts als Verachtung entgegen setzen. Ist dieses Land die Welt? Geht hier allein die Sonne auf?" (S. 93)

Der Auftritt des Feldjägers bringt ihn kurzfristig zu seinem alten Denken zurück und veranlaßt einen Ausbruch der Dankbarkeit, des Rühmens der Gerechtigkeit und der königlichen Gnade („Das ist mehr, als ich erwartet! Mehr, als ich verdiene!" S. 95), der nach dem Vorausgegangenen fast parodistisch wirkt.

Doch Minna ist es, die diese Rückkehr verhindert, denn sie gibt ihr Rollenspiel nicht auf. Ihre kalte Reaktion, nachdem sie den problemlösenden Brief des Königs gelesen hat („Was geht mich das an?"), und ihre fast höhnische Gratulation zu einer künftigen Karriere läßt ihn wieder umschwenken zu einer kritischen Position: „Die Dienste der Großen sind gefährlich, sie lohnen der Mühe, des Zwanges, der Erniedrigung nicht, die sie kosten" (S. 96). Er will den Dienst quittieren und sie sofort heiraten. Bis es soweit ist, bringt sie ihn noch fast dazu, den königlichen Brief zu zerreißen und die Gnade und Gerechtigkeit zurückzuweisen.

5.3 Neue Ethik, bürgerliche Normen

Aber wie und wo endet Tellheim in seinem Verhältnis zur Gesellschaft und zu seinem Beruf? Er distanziert sich und wird die Militärkarriere abbrechen. Vorher hat er schon erklärt, wie er überhaupt dazu gekommen ist, nämlich aus der „Grille (!), daß es für jeden ehrlichen Mann gut sei, sich in diesem Stande eine Zeitlang zu versuchen, um sich mit allem, was Gefahr heißt, vertraulich zu machen, und Kälte und Entschlossenheit zu lernen", also aus Gründen der Selbsterziehung, ferner aus politischen Grundsätzen, an die er sich nicht mehr erinnern kann oder will. (Vgl. dazu die oben zitierte Stelle von S. 57.) Nie wollte er aus „dieser gelegentlichen Beschäftigung ein Handwerk [...] machen" (S. 96 f.). Diese Erklärung gilt, obgleich ihr noch verschiedene Umschwünge folgen, auch noch für die Endphase: Tellheim wird sich vermutlich, nachdem er seine Autonomie und moralische Selbstgewißheit wiedergewonnen hat, zusammen mit Minna in eine private Existenz, ein bürgerliches Glück, zurückziehen und der „großen Welt" ade sagen. Sein Ehrgeiz geht jetzt dahin, „ein ruhiger und zufriedener Mensch zu sein" (S. 97).

Die rechte Einrichtung der Welt, die für ihn eine zeitlang auf dem Spiel stand, ist gerettet. Seine sittliche Verhaltensnorm ist bestätigt worden, doch hat er seine Autonomie nicht durch den königlichen Brief wiedergewonnen, sondern durch die Absage an einen Dienst und an eine Gesellschaft, in der Normen gelten, die mit seiner persönlichen Sittlichkeit nicht vereinbar sind. Ihnen entsagt er.

Damit geht sein Streben in eine bürgerliche Existenz, in der er seine eigene Moral verwirklichen kann (s. auch 3.3).

Bezeichnenderweise setzt sich Graf Bruchsall am Schluß über Tellheims preußische Uniform relativ leicht hinweg und betont dessen Eigenschaft als „ehrlicher Mann [...] und ein ehrlicher Mann mag stecken, in welchem Kleide er will, man muß ihn lieben" (S. 105).

Zu Tellheims neuem Leben gehört auch Freundschaft, aber eben durch seinen treuen Freund Werner wird im letzten Satz des Stücks seine neue Position wiederum lustspielhaft relativiert. Werner will weiterhin das Kriegshandwerk, und zwar in der von Tellheim schon immer abgelehnten Form, betreiben. Er stellt Franziska in Aussicht, in zehn Jahren entweder Frau Generalin oder Witwe zu sein.

Tellheims Weg zwischen privater und gesellschaftlicher Norm läßt sich etwa folgendermaßen anschaulich machen:

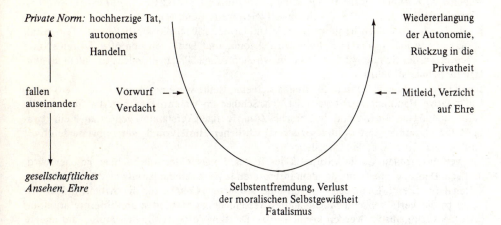

6 ‚Leonce und Lena'

6.1 Fragen und Probleme

Büchners ‚Leonce und Lena' hatte eine stark verzögerte Bühnengeschichte; das Lustspiel entstand 1836 und wurde erst 1895 uraufgeführt. Lange Zeit galt es als nicht so wichtiges Nebenwerk Büchners. Dazu trugen seine Entstehung als Beitrag für einen Lustspiel-Wettbewerb des Verlags Cotta, die Verständnisschwierigkeiten und seine etwas unglückliche Textgeschichte bei, die auch heute noch viele Unklarheiten über die wirkliche erste Textgestalt übrig gelassen hat. In der Forschung wird ‚Leonce und Lena' seit den 60er Jahren stärker beachtet, in der Schule hat das Stück inzwischen seinen Platz gefunden, vor allem als Vorlage für Schüleraufführungen.
Bei der Behandlung im Unterricht stellen sich eine Reihe von Fragen und Problemen.
Die relative Handlungsarmut verweist den Schüler im wesentlichen auf die Figuren, die Untersuchung der Motive und die Sprache. Zum richtigen Verständnis gehört auch ein etwas breiterer literatur-, geistes- und sozialgeschichtlicher Hintergrund, der teilweise fehlt. Er muß geschaffen oder ergänzt werden.
Ein weiteres Problem ist die Antithetik des Textes, die als Widersprüchlichkeit gesehen wird, und sein Deutungsspielraum, der dem Interpreten je nach seinem Ansatz vielfältige Möglichkeiten läßt. Dies öffnet aber zugleich eine großartige Chance für die Arbeit, indem den Schülern die Verfahren und Möglichkeiten verschiedener Methoden und Interpretationsansätze deutlich gemacht werden können. Eine Deutung 'offener' Stellen muß – auf andere Weise – natürlich auch bei einer szenischen Realisation des Stücks erfolgen.
In jedem Fall wird es notwendig sein, sich mit den verschiedenen Ebenen des Lustspiels als Literaturkomödie, Romantikparodie und als herrschaftskritischem 'Zeitstück' mit politischer Dimension und witzigem Sprachspiel zu befassen.

6.2 Einbindung in eine Unterrichtsreihe

Dazu gibt es verschiedene Möglichkeiten:
1. die Behandlung innerhalb einer Textsequenz zu einer Epoche. Hier bietet sich an, das Stück als Nachhall der überwundenen und durchschauten Romantik zu sehen oder als Stück des Vormärz, in einer Reihe mit Texten von Heine, Nestroy oder anderen Werken Büchners. Letzteres leuchtet angesichts der Märchensphäre von ‚Leonce und Lena' nicht auf den ersten Blick ein, doch muß die Interpretation den gegenweltlichen sozialgeschichtlichen Gehalt herausarbeiten.
2. ‚Leonce und Lena' als Teil einer Reihe über Komödie und/oder Parodie, in der sie als Literaturkomödie ihren Platz hätte. Zum Vergleich könnten Hanswurst-Komödie, Aufklärungskomödie (s. ‚Minna von Barnhelm' in diesem Band), naturalistische Komödie (Hauptmanns ‚Biberpelz') und moderne Komödie (z.B. Dürrenmatt) herangezogen werden. Neben den üblicherweise zu vergleichenden Punkten Aufbau, Figur, Handlung, Gesellschaft wäre besonders interessant die Ständeklausel und die Figur des Narren. Was das Parodistische betrifft, so wird hier keine Gattung parodiert, sondern Haltungen, Einstellungen, Philosophie, höfisches Leben, romantische Ästhetik, gesellschaftliches Leben bzw. eine Gesellschaftsform.

3. Unter dem Gesichtspunkt literarisches Leben könnte man Produktion und Rezeption des Stücks verfolgen, beginnend bei der durch das Preisausschreiben veranlaßten Entstehung, Skizzierung der Bühnengeschichte, der relativen Abwertung (noch bei Mayer, vgl. Editionen, Mat. IV.2) bis hin zur heutigen Einschätzung als wichtiges Werk Büchners.
4. Innerhalb eines Projekts Methoden der Literaturanalyse könnte ‚Leonce und Lena' wegen seiner Textgeschichte wie auch wegen seiner „Unbestimmheitsstellen" als gutes Beispiel für die Anwendung verschiedener Methoden dienen. Das Fragen nach dem richtigen Text (heißt es in der letzten Szene „kommende" oder „commode" Religion?) hilft zur Erkenntnis philologischer Probleme; die Interpretation mit Hilfe der biographischen und der immanenten Methode, auf geistesgeschichtlichem, gattungsmäßig-formalem und sozialgeschichtlichem Hintergrund führt jeweils zu anderen, sich ergänzenden Ergebnissen. Am interessantesten dürfte die Gegenüberstellung von Werkinterpretation und sozialgeschichtlicher Analyse sein. Bei dem hier vorgelegten Unterrichtsvorschlag sollen die unterschiedlichen Ebenen von ‚Leonce und Lena' deutlich gemacht werden. Die Betonung und Verstärkung des einen oder anderen Aspekts im Unterricht ermöglicht es dann, das Stück in eine der vorgeschlagenen Reihen zu intergrieren.

Denkbar wäre ein systematisches Vorgehen, das mit der Entstehung des Stücks und mit einem Blick auf Büchners Gesamtwerk beginnt und bei der Wirkungsgeschichte endet. Das Verfahren, das hier vorgeschlagen wird, ist die problemorientierte Analyse, wie sie der Sek. II am gemäßesten ist. Im Mittelpunkt stehen Motive und Stoffe, ästhetische und dramaturgische Fragen, Beziehung zur sozialen Wirklichkeit und Theatergeschichte.

6.3 Themen und Aspekte

Als wichtigste Aspekte werden hervorgehoben
– die Bezüge zu Büchners Biographie und zu seinem Gesamtwerk
– Literaturkomödie, Romantikparodie
– die Werkstruktur
– das Narrenthema
– die Motive Identität, Marionette, Automat
– der Bezug zu den politisch-sozialen Verhältnissen des Vormärz
– Satire und Parodie auf höfisches Leben und Kleinstaaterei
– 'Zeitgeist'-Themen: Existenzkrise, Weltschmerz, Langeweile, Überdruß
– Realisationen auf dem Theater.

7 Werkstruktur

7.1 Annäherung an den Text

Im Anschluß an die unvorbereitete Kenntnisnahme des Stücks formulieren die Schüler erste Beobachtungen und Eindrücke, Fragen, Probleme und Kritik. Wenn der Text ohne Vorauswissen rezipiert wurde, dann fallen verschiedene Merkwürdigkeiten auf: die äußerst dürftige Handlung und ihre fragwürdige Entwicklung, der offensichtliche Spielcharakter des ganzen, die seltsamen Dialoge, die oft gar nicht der Verständigung und dem Austausch dienen, die romantische und zugleich witzige Sprache, die verschiedenartige Personenzeichnung, die seltsamen Seelenlagen und Probleme der Protagonisten, Widersprüche und divergierende Motive, ungeklärte Bedeutungen, das rätselhafte Motto.
Die Deutungsprobleme, die das Stück aufgibt, sind nicht ohne weiteres auszuräumen. In der Forschungsliteratur wird vor allem über den Gegensatz von Melancholiethematik und sozialer Thematik gestritten. Auch ist noch nicht einmal klar, ob man von einer Intrigenkomödie oder von einer Charakterkomödie sprechen soll. Da es verfehlt wäre, im Unterricht die Positionen und Problemstellungen der Wissenschaft nachzuvollziehen, sollte man nur einige Anstöße von ihr beziehen, sich im übrigen aber in der Tugend des genauen Lesens und der selbständigen Textanalyse üben.
Offensichtlich ist das Stück nicht über die Handlung erschließbar, sondern eher über die Personen und Motive. Eine der ersten Untersuchungsaufgaben sollte es daher sein, die Personen zu charakterisieren, die Motive zu bestimmen und die entsprechenden Textstellen festzuhalten.
Der Text stellt ein sehr dichtes Gewebe dar, dessen Bezüge und Anspielungen trotz eines bemerkenswerten philologischen Fleißes wohl immer noch nicht ganz vollständig aufgehellt sind. Es dürfte sehr schnell klar werden, daß sich das Drama rein immanent gar nicht verstehen läßt und daß einiges Hintergrundwissen notwendig ist, um die außerhalb liegenden Bezugspunkte literarischer und historischer Art zu erfassen. Quellenforschung zu treiben, ist sicherlich nicht notwendig, immerhin muß deutlich gemacht werden, inwiefern Büchner Zitate und Anspielungen benutzt und wie das Stück in seiner Zeit steht.
Das notwendige Vorverständnis wird gesichert
a) durch Information über die Entstehungsgeschichte des Stücks als Beitrag zu einem Preisausschreiben von 1836, an dem sich Büchner auch aus finanziellen Gründen beteiligte,
b) durch Unterrichtung über die Vorbilder, die Büchner benutzte, und die Werke, bei denen er Anleihen machte,
c) durch eine Darstellung des historisch-sozialen Kontexts von Kleinstaaterei und Fürstenherrschaft im Deutschen Bund zwischen 1815 und 1848.
Dies kann durch Schüler- oder Lehrerreferat geschehen. Über Einflüsse von Musset, Brentano, Shakespeare und Tieck informieren am ausführlichsten die Arbeiten von Plard, Renker und der Kommentar von Hinderer, ausschnittartig auch die Textauszüge von Gutzkow, J. Schmidt und Gundolf (Editionen III.1,2 und IV.1). Zugleich werden dort auch Wertungen abgegeben, die überprüft sein wollen, am deutlichsten von Friedrich Gundolf, der abwertend von der „papierene[n] Herkunft des Lustspiels", von „aufgeputzte[n] Literaturschablonen" und dem „schwitzenden Willen zum beschwingten Witz" spricht.

7.2 Problematisierung: Bloße Literaturkomödie?

Vorläufiges Ergebnis ist, daß es sich um eine Literaturkomödie handelt, die vorhandene Motive als Material benutzt und auch sprachliche Anleihen bei verschiedenen Werken macht, und zwar hauptsächlich bei solchen romantischer und komödiantischer Art. Die Frage nach dem Sinn und der Funktion solchen Vorgehens kann wohl kaum zureichend damit beantwortet werden, daß Büchner Geld brauchte und deshalb schnell plagiierend etwas zusammenschrieb.
Es muß gefragt werden, welchen Stellenwert die Zitate allgemein und insbesondere die Romantizismen haben. Die Art ihrer Verwendung deutet darauf hin, daß die benutzten Versatzstücke nicht ganz ernst genommen und in parodistischer Absicht verwendet werden, daß es sich also um eine Parodie oder Satire auf romantisches Fühlen und romantische Literatur handelt. Einen Hinweis auf satirisch-parodistische Absichten liefern die philosophischen Ambitionen König Peters.
Als weiterer Gesichtspunkt sind Büchners andere Werke und seine politischen Ansichten zu beachten. Handelt es sich nur um eine rein literarische Angelegenheit, um ein Sich-Bewegen im Überbau, um die abgeschlossene Märchenwelt der Komödie, oder gibt es Verbindungen zur sozialen Wirklichkeit des 19. Jahrhunderts, wie sie im sonstigen Werk Büchners sichtbar werden?
Auf der Basis solcher Überlegungen kann eine vorläufige Hypothese formuliert werden: Büchners ‚Leonce und Lena' ist keine Komödie im üblichen Sinn, ihr Hauptaspekt ist nicht die Handlung, sondern die spielerische Auseinandersetzung mit verschiedenen literarischen, ästhetischen, philosophischen, politischen und sozialen Gegebenheiten; Büchner ironisiert und kritisiert offensichtlich einige 'heilige Kühe' des frühen 19. Jahrhunderts.
Wenn die These stimmt, wäre zu fragen, warum das auf diese Weise, auf dem Weg über die Literaturkomödie, geschehen mußte.

7.3 Untersuchung der Werkstruktur

7.3.1 Handlung, Aufbau

Die sehr einfache Handlung macht deutliche Anleihen bei Brentanos ‚Ponce de Leon' und Shakespeares ‚Wie es euch gefällt' und ist offensichtlich Vehikel für anderes. Aber wofür?
Die elf Szenen des dreiaktigen Stücks spielen meist abwechselnd in der freien Natur (Ein Garten/Freies Feld/Wirtshausgarten) oder drinnen (Zimmer/Reichgeschmückter Saal); nur die Volksszene von III,3 weicht von diesem Kontrastschema ab, sie findet auf dem freien Platz vor dem Königsschloß statt.
Die Handlung ist spiegelbildlich angelegt. Prinz Leonce, der Sohn des Königs Peter aus dem Reiche Popo, flieht aus Überdruß und Langeweile und um seiner geplanten Hochzeit zu entgehen, mit seinem Kompagnon Valerio in Richtung Süden und trifft Prinzessin Lena mit ihrer Gouvernante. Die Prinzessin aus dem Reiche Pipi hat ebenfalls ihr Land verlassen, weil sie nicht in eine Heirat aus Staatsraison mit dem ihr unbekannten Prinzen Leonce einwilligen kann. Sie verlieben sich ineinander, und Leonce möchte die Unbekannte heiraten. Valerio will dies arrangieren, wenn er zum Lohn Minister wird.
Das Liebespaar kommt maskiert an den Hof König Peters und gerät in die von ihm und seinem Staatsrat angesetzte Hochzeitszeremonie. Die kann zunächst nicht stattfinden, weil das Brautpaar nicht aufzufinden ist. An seiner Stelle nimmt man die beiden Maskierten als ihre Vertreter, bis schließlich klar wird, daß sie das tatsächliche Hochzeitspaar sind. Sie fühlen sich betrogen. König Peter dankt ab und legt die Regierung in die Hände seines Sohnes.

Valerio wird Minister und ruft einen neuen, utopischen Staat aus, in dem alles besser werden soll und niemand arbeiten darf.

Ein Nichts also an Handlung mit den Hauptpunkten Flucht, zufällige Begegnung, Heirat. Rein äußerlich ist das Komödienschema von Verwirrung und Lösung eingehalten, das Stück wäre konventionell. Doch da gibt es zu viele Fragezeichen in bezug auf die Ernsthaftigkeit des Vorgeführten, den Eindruck des Willkürlichen, die vielen Themen, die Wiederkehr bestimmter Motive.

Schema des Handlungsverlaufs:

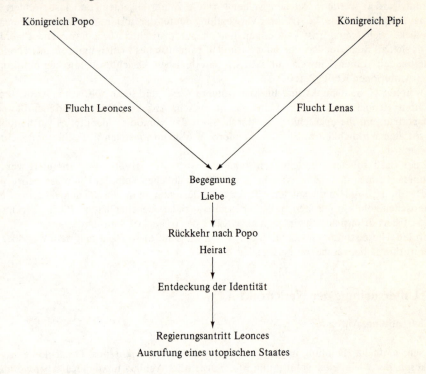

7.3.2 Themen, Motive

Wie organisiert sich nun das Ganze des Stücks, und was ist das Besondere an ihm?
Die immer wieder von Valerio angetriebene Handlung bietet Anlaß zur Behandlung verschiedener Themen und Motive, von denen einige leitmotivisch wiederkehren und das ganze Stück durchziehen, indem sie aus verschiedenen Perspektiven, d. h. mit Bezug auf verschiedene Personen, angesprochen werden. So z. B. das Motiv der Melancholie und Langeweile bei Leonce, das Problem der Identität (bei Leonce und König Peter), Narrheit und Narrentum (Leonce, Valerio), der Mensch als Marionette oder Automate (König Peter, Leonce, Lena), das Utopische in der Form des Wunsches, sich selbst und die Zustände zu ändern.
Die Frage ist nun, ob diese Motive willkürlich nebeneinanderstehen und divergieren, wie es nicht nur auf den ersten Blick scheint, oder ob sie von Büchner mit der Handlung zu einer Einheit gebracht werden.
Die nun zu präzisierende These lautet: Büchner benutzt diese Motive, um sich spielerisch mit einigen Bewußtseinsinhalten und Mythen des frühen 19. Jahrhunderts auseinanderzu-

setzen, indem er sie von seinen Hauptpersonen diskutieren läßt. Romantik, Italiensehnsucht, schwärmerisches Naturverhältnis, Wertherfieber, Selbstmord, Philosophie und anderes werden parodiert. Andere Themen wie die Herrlichkeit der Duodezfürsten, Kleinstaaterei, Hofzeremoniell, Ausbeutung und Abrichtung der Untertanen werden satirisch angegangen.

7.3.3 Personenprofile

7.3.3.1 Einfluß der Commedia dell'arte

Eine Überprüfung der traditionellen Kategorien Handlung, Konflikt, Entwicklung, Intrige bringt für die meisten Punkte magere oder im oben angedeuteten Sinn verwirrende Ergebnisse. Es empfiehlt sich daher, mit der Behandlung von Personen und Problemen zu beginnen.

Folgende Fragen können gestellt werden: Wie sind die Personen überhaupt faßbar? Sind sie ausgeformte Charaktere mit bestimmten, beschreibbaren Eigenschaften? Gibt es bei ihnen Anfangspunkte, Veränderungen, Entwicklungen? In welcher Weise haben sie am Spielgeschehen teil, wie beeinflussen sie es durch dramentypische Aktionen, z. B. Einleitung von Handlungen, Intrigen usw.?

Die meisten Personen sind wenig individualisiert, sie gleiten ins Typenhafte und haben nur einzelne, besonders stark hervortretende Eigenschaften. Ihre Herkunft von den feststehenden Figuren der Commedia dell'arte ist nicht zu verleugnen. Viele bleiben namenlos und treten nur als Träger von Funktionen auf. König Peter, als Regent des Reiches Popo durch das Personenverzeichnis als gesellschaftlich Ranghöchster ausgewiesen, ist eine Charge, in seiner Trottelhaftigkeit ist er dem Pantalone ähnlich. Leonce erinnert an Arlecchino, Valerio an Truffaldino, Lena und Rosetta erinnern an Columbine.

Bei allen Figuren außer bei Valerio fällt ihre Passivität und Fremdbestimmtheit auf, das Marionettenhafte ihres Daseins, das auch als inhaltliches Motiv eine wichtige Rolle spielt. Am deutlichsten ausgeformt sind Leonce und Valerio.

7.3.3.2 Figurenkonstellation – Parallelen und Kontraste

Die Personen sind großenteils einander zugeordnet, sei es durch Parallelen in ihrem Sein, Tun und Denken oder durch Kontrast. Für Leonce und Lena gilt das ohnedies. Sie sind aus der Art geschlagene Königsabkömmlinge, die sich drücken wollen und dann zueinander und vielleicht zu ihren – wie auch immer gearteten – Pflichten finden. Ihre Herkunftsreiche Popo und Pipi korrespondieren einander schon vom Namen her. Als Dienerfiguren sind ihnen Valerio und die Gouvernante zugeordnet, eigentlich ein Buffopaar, das sich nach herkömmlicher Komödienstruktur lieben müßte, hier sich aber (zumindest verbal) bekämpft. Mittelpunkt – nach eigenem Anspruch – ist König Peter und Hauptschauplatz sein Königreich Popo. Er steht als absoluter Fürst über allen. Zwischen den übrigen Personen bestehen Beziehungen und Kontraste, die einander ergänzen und kommentieren. Leonce und Valerio sind verwandt in ihrer Narrheit und ihrem Müßiggang, aber unterschieden in ihrem Verhältnis zur Natur. Was geschieht oder der Fall ist, erscheint jeweils in subjektiver Brechung der verschiedenen Temperamente und Auffassungsweisen. Leonce und Lena sind mehr geistige Wesen, ihre Entsprechungen auf der Dienerebene mehr körperlich-materiell orientiert.

Wo Leonce leidet und beispielsweise die Natur als unheimlich erlebt, läßt Valerio es sich wohl sein („Ich weiß nicht, was Ihr wollt, mir ist ganz behaglich zu Mut", S. 23), wo Lena und Leonce für die Natur schwärmen („O Nacht, balsamisch wie die erste, die auf das Paradies herabsank"), schimpft Valerio über die Schnaken, das Fröschequaken und das Zirpen der Grillen (S. 25).

Andere Kontraste gehen zugleich überkreuz zwischen den verschiedenen Personengruppen: Valerio findet die Welt so weit (wegen des Laufens), der Prinz dagegen eng (S. 19), Lenas Gouvernante findet die Zeit lang und die Welt abscheulich, weil sie zunächst nicht – wie erwartet – auf einen irrenden Königssohn treffen, Lena spricht von der Weite und Schönheit der Welt und der Kürze der Zeit, seit sie aufgebrochen sind (S. 21).
Das Verhältnis zwischen den Hauptpersonen läßt sich etwa folgendermaßen darstellen:

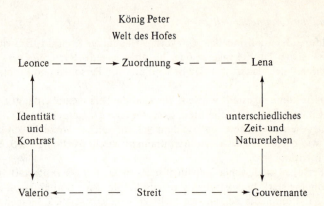

7.3.3.3 Leonce – Melancholiker, Ästhet, 'synthetischer' Held

Leonce ist die zentrale Figur des Spiels, in sich sehr widersprüchlich, ein gebrochener Charakter. Seine Hauptzüge Melancholie, Gelangweiltheit und Desinteresse stehen einem Tätigkeitsdrang gegenüber, der sich aber auf nichts Bestimmtes richtet. „Valerio! Valerio! Wir müssen was Anderes treiben" (S. 16).
In der Szene I,1 wird Leonce als problematischer Charakter vorgestellt. „Bin ich ein Müßiggänger?" fragt er und simuliert Beschäftigtsein mit sinnlosen Tätigkeiten wie auf einen Stein spucken und Sandkörner zählen. Den Hofmeister, der offenbar irgend etwas von ihm will, läßt er mit seinem Anliegen gar nicht erst zu Wort kommen, sondern macht ihn zum bloßen Ja-Sager und Bestätiger, um ihn dann noch zu beschimpfen, weil er nicht widerspricht.
Mehrfach fallen die wesentlichen, für seine Existenz und das Empfinden der Sinnlosigkeit kennzeichnenden Stichworte: Müßiggang, Langeweile, Melancholie. Sein Gefühl des nutzlosen Daseins ist so stark, daß er es auch in seiner Umgebung, in Natur und Gesellschaft, wiederfindet: „Die Bienen sitzen so träg an den Blumen, und der Sonnenschein liegt so faul auf dem Boden. Es krassiert ein entsetzlicher Müßiggang" (S. 5). Arbeit und Dasein anderer Menschen, was immer sie tun (studieren, beten, heiraten, sich vermehren, sterben) oder sind (Helden, Genies, Dummköpfe, Heilige, Sünder, Familienväter), werden von ihm aus der Wurzel der Langeweile und als raffinierter Müßiggang gedeutet.
Sein Problem liegt unter anderem darin, daß er selbst dazu unfähig ist, sich auf solche Art wichtig zu nehmen und mit Frack und Regenschirm ein rechtliches, nützliches und moralisches, also an bürgerlichen Kategorien orientiertes Leben zu führen, weil er alles zu durchschauen meint. Er leidet an der Determiniertheit seines Daseins und möchte gern einmal seine Identität wechseln: „O wer einmal jemand Anders sein könnte! Nur 'ne Minute lang" (S. 5). Die Gleichförmigkeit des Verlaufs aller Begebenheiten läßt ihm sein Leben marionettenhaft erscheinen: „Ich stülpe mich jeden Tag vier und zwanzigmal herum wie einen Handschuh [...] ich weiß was ich in einer Viertelstunde, was ich in acht Tagen, was ich in einem Jahr denken und träumen werde" (S. 12).

Momentane Auswege aus seiner Lage findet er, indem er sich spielerisch und willkürlich zu seiner Umwelt verhält. Er schafft sie um nach eigenen Vorstellungen, so daß sie ihm neue Reize bietet. Die dabei erzeugte Scheinwelt korrespondiert mit der Künstlichkeit der gesamten Hofwelt, nur daß sie bei ihm noch einen besonderen ästhetischen Touch hat: „Sind alle Läden geschlossen? Zündet die Kerzen an! Weg mit dem Tag! Ich will Nacht, tiefe ambrosische Nacht." usw. (S. 9). Das ganze Arrangement mit Lampen unter Kristallglocken, Oleander, Wein als Tautropfen auf Rosenkelchen, dazu Musik und schließlich seine Geliebte Rosetta können ihm dennoch nicht genügen.

Der Dialog mit Rosetta, wortspielhaft kreisend, ist ein Austausch von Namen und kurzen Ausrufen, er führt nicht weiter. Liebe, Arbeit, Beschäftigung, Müßiggang: alles wird von Leonce gleichgesetzt und mündet in die alles beherrschende Langeweile. Der nach neuen Reizen hungrige Ästhet und Epikureer findet nun Gefallen an der sterbenden Liebe und gibt Rosetta den Abschied. Das Leid und die damit verbundenen Vorstellungen „goldene Fische" in ihren Todesfarben", das ersterbende Rot auf den Wangen, die Vorstellung von Tränen, die zu Diamanten kristallisieren, die tote Liebe als Leiche mit weißen und roten Rosen auf Wangen und Brust, all dies gibt ihm neue Empfindungen, kann aber schließlich sein Ungenügen nicht beenden (S. 10f.).

Man hat in ihm eine Faust-, Hamlet- und Werther-Parodie gesehen. Wenn man die vielen Zitate betrachtet, aus denen sich sein Reden zusammensetzt, dann erweist sich sein sozusagen synthetischer Charakter. Statt persönlicher Eigenschaften hat er angenommene Attitüden; seine Äußerungen und Aktionen sind aus der Literatur zitierte Klischees. Deswegen ist es äußerst problematisch, in ihm irgendwelche Veränderungen und Entwicklungen finden zu wollen, wie sie etwa der klassische Held durchmacht, problematisch auch, von einer Wandlung Leonces durch die Liebe zu Lena zu sprechen.

Solange der Grund für die Zusammengesetztheit Leonces aus Anspielungen und Zitaten nicht einsichtig war, glaubte man es mit einer bloßen Romantikparodie zu tun zu haben. Die Ableitung aus der Literatur sagt aber noch nicht genug über die Komödie Büchners, zu fragen wäre noch nach der Funktion einer solchen Figur.

Exkurs: Geistes- und sozialgeschichtliche Einordnung

Das Leiden des Leonce hat als geistes- und zeitgeschichtlichen Hintergrund den Weltschmerz (vgl. Mat. III.2: „Modekrankheit des Spleens und der Blasirtheit", S. 52). Schwermut, Müdigkeit, Pessimismus sind Merkmale der 'maladie du siècle', die in dessen erster Hälfte grassiert. Als ihr 'Anreger' gilt Lord Byron; in der deutschen Literatur sind Gestalten von Jean Paul, Grabbe, Lenau, Heine und Nestroy mit ihr behaftet (vgl. die Texte von Heine und Nestroy bei den Klausuranregungen).

Ihre Grundlage ist die Erfahrung der Ungesichertheit, der Desorientierung und zugleich der Stagnation, der die Autoren ausgesetzt sind; von einem Riß in der vormals heilen oder als heil angesehenen Welt ist oftmals die Rede. Für den deutschen Sprachbereich wurde der Titel einer Novelle von Alexander von Ungern-Sternberg, ‚Die Zerrissenen', von 1832 zur programmatischen Chiffre. Die Behandlung des Motivs geht bis zur Parodie: In Nestroys Posse ‚Der Zerrissene' (1844) heißt es im Refrain eines Couplets, in dem ein Reicher seine düstere Gemütslage beklagt: „Meiner Seel', 's is a fürchterlichs G'fühl, / Wenn man selber nicht weiß, was man will!" (I. Akt, 5. Szene) Die philosophisch-geistesgeschichtliche Virulenz des Themas kann mit Hilfe der Materialien II.1 und 2 (Schopenhauer und Kierkegaard) herausgearbeitet werden.

Langeweile und Lebensekel sind keine anthropologische Konstanten, sie haben vielmehr durchaus sozialgeschichtlich faßbare Gründe. Wie Mosler dargestellt hat, sind sie eine gesellschaftliche Bewußtseinsform zwischen 1815 und 1848. Sie deutet auf Bewegungslosigkeit und Erstarrung hin, auf den Mangel an einer als sinnvoll empfundenen Tätigkeit, wie er bei Leuten vorkommen kann, die nicht um die Erhaltung ihres täglichen Lebens bemüht sein müssen.

Die gesellschaftliche Situierung des Leonce als Erbprinz des Kleinstaates Popo bringt es mit sich, daß er keine materiellen Sorgen zu haben braucht und nichts zu tun hat. Diese Funktionslosigkeit macht ihn für Phänomene wie Selbstentfremdung und Identitätsverlust anfällig. Sein Vater zeigt dasselbe Syndrom in einem schon fortgeschritteneren Stadium.

Die Erfahrung des Mechanischen im Leben, der Entfremdung, der Sinnlosigkeit und des Zweifels an der Identität fügen sich so in den gleichen Zusammenhang. Verbildlicht werden sie durch die Motive der Automaten und Puppen, der abgenommenen Masken, hinter denen immer neue Masken erscheinen.

7.3.3.4 Valerio – Kontrast und Ergänzung (I,1)

Valerio stammt aus der Familie der Diener in der Commedia dell'arte und der shakespeareschen Narren. Mit seiner diesseitsorientierten und materialistischen Einstellung steht er teils im Gegensatz zu dem spirituellen Leonce, gleicht ihm andererseits in manchen Zügen. Zwar ist er Diener, aber im Verlauf des Stücks gewinnt er ein immer stärkeres Gewicht als Motor der Handlung.

Seine Sprache ist witzig, seine bevorzugte Äußerungsform das Wortspiel. Seine Probleme mit der Wirklichkeit sind nicht spiritueller Art wie bei Leonce, sondern bestehen darin, ohne Arbeit genug zu essen und zu trinken zu bekommen. Das zweite Motto des Stücks, das nach dem Hunger fragt, wird von ihm vertreten. Seine Stellung zur Natur, von ihm selbst als romantisch ausgegeben, erweist sich sogleich als Parodie romantischen Naturgefühls: Er rühmt das Gras und möchte ein Ochse sein, um es zu fressen, und dann wieder ein Mensch, um den Ochsen zu fressen (S.5f.). Das Motiv der Identität, das schon bei Leonce angeklungen ist, wird hier auf eine dem Materialisten gemäße Weise aufgenommen. Von einem Wechsel der Identität verspricht sich Valerio nicht Minderung des Leidens, sondern erhöhten Daseinsgenuß.

Nach Leonces im wesentlichen monologischer Darstellung seiner Lebensprobleme in I,1 kommt Valerio „halb trunken [...] gelaufen", wie die Regieanweisung besagt, und führt einen absurden Dialog mit Leonce, in dem sie sich über etwas Ungenanntes, eigentlich über nichts, verständigen. In den gedruckten Fassungen bleibt der Hintergrund Valerios unklar. Aus der Handschrift wissen wir, daß Büchner ursprünglich beabsichtigte, die Figur stärker in einen sozialen Kontext einzubinden: Er ist nämlich ein Deserteur, der von zwei Polizeidienern gesucht wird. Wortspielerisch gibt er Leonce, der seinen Lebenslauf erbaulich findet, darüber Auskunft: „Ich habe eigentlich einen läufigen Lebenslauf. Denn nur mein Laufen hat im Lauf dieses Krieges mein Leben vor einem Lauf gerettet, der ein Loch in dasselbe machen wollte" („Leonce und Lena', Kritische Studienausgabe, S. 28. Orthographie modernisiert. P.H.).

Die Flucht vor den Büttel erklärt Valerios (Weg)laufen, ein Einsatz und eine Aktivität, um die ihn Leonce beneidet, weil er, der kein Verhältnis zum Leben hat, nichts weiß, was ihn so antreiben könnte.

Schon in der ersten Szene ergeben sich weitere Gemeinsamkeiten und Unterschiede. Ihr Gebrauch des Wortes „Ideal" stimmt überein: Beide meinen damit die Realisierung von etwas Unmöglichem wie sich selbst einmal auf den Kopf sehen (Leonce, S.4) oder von einem „Kirchturm herunterspringen, ohne den Hals zu brechen" usw. (Valerio, S. 6). Gemeinsam ist ihnen das Anstoßnehmen an der menschlichen Begrenztheit, die sie – in verschiedenen Richtungen, versteht sich – überwinden möchten.

Valerio gibt sich als vernünftig und sucht jemanden, der ihm „seine Narrheit gegen meine Vernunft" eintauscht. Er formuliert sein profanes Ideal von einem Leben im Irrenhaus: Als Narr könnte er sich dort fühlen wie ein Fürst, allen Befehle erteilen und bekäme „zu diesen köstlichen Phantasien [...] gute Suppe, gutes Fleisch, gutes Brot, ein gutes Bett und das Haar umsonst geschoren" (S.6).

Diese Beschreibung entspricht, genau besehen, mit allen ihren Einzelheiten eigentlich der tatsächlichen Situation von Leonce, der damit im Gegensatz zu Valerio nicht glücklich ist. Dies wirft ein Licht auf ihre unterschiedliche Art. Wenn Valerio als Narr ein Fürst sein kann, so legt der Umkehrschluß nahe, daß Leonce als Erbprinz und (potentieller) Fürst, der dieses alles hat und nicht schätzt, ein Narr ist.

Einen weiteren gemeinsamen Nenner finden Leonce und Valerio im Müßiggang, als dessen enthusiastischer Verfechter sich Valerio bekennt. Wie Leonce hat er „die große Beschäftigung, müßig zu gehen". Er rühmt paradox seine „ungemeine Fertigkeit im Nichtstun" und seine „ungeheure Ausdauer in der Faulheit" (S. 7) und gewinnt damit des Prinzen überschwengliche Zuneigung, die freilich, wie alles bei Leonce, gebrochen ist und als rollenhaft verstanden werden kann. Zwei unterschiedlich Geartete, aber Gleichgesinnte haben sich gefunden.

7.3.3.5 Lena – naturhaftes Sein

Die weibliche Hauptfigur Lena bleibt ein wenig blaß und in ihren Eigenschaften unbestimmt. Man erlebt sie in Szene I,4 als Leidende, die sich gegen die Vergewaltigung einer aufgezwungenen Ehe zur Wehr setzt. [...] warum schlägt man einen Nagel durch zwei Hände, die sich nicht suchten?" (S. 18) Sie lebt naturhaft und unbewußt, bis sie plötzlich vor dem Zwang steht zu heiraten. Büchner macht diese Situation ganz knapp in ihren einleitenden Worten klar: „Ich dachte die Zeit an nichts. Es ging so hin, und auf einmal richtet sich der Tag vor mir auf. Ich habe den Kranz im Haar –" (S. 17). Ihr Hochzeitsschmuck ist Rosmarin, der zugleich als Brautkranz und als Totenkranz verwendet wird.

Sie möchte lieber tot sein und in der Natur aufgehen „[...] ich wollte, der Rasen wüchse so über mich und die Bienen summten über mir hin" (S. 17). Die mangelnde Selbstbestimmung über ihr eigenes Schicksal beklagt sie mit eindrucksvollen Metaphern: Sie ist die Quelle, die jedes Bild widerspiegeln muß, sie als Königstochter hat weniger Rechte als die Blumen, die sich öffnen und schließen, wie sie wollen. Die Gouvernante nennt sie ein „wahres Opferlamm" (S. 18). Sie leidet, solange sie unter dem Druck der erzwungenen Heirat steht; danach, auf der Flucht, findet sie die Welt „schön und so weit, so unendlich weit" (S. 21). Ihr Fühlen mit der Natur treibt sie aus dem Zimmer in den Garten. Sie ist pflanzengleich, „[...] du weißt, man hätte mich eigentlich in eine Scherbe setzen sollen. Ich brauche Tau und Nachtluft wie die Blumen" (S. 25).

7.3.3.6 König Peter und sein Staat – Analyse von I,2

Die Betrachtung König Peters als Herrscher, Mensch und Denker führt auf allen drei Ebenen zu ähnlich bizarren Ergebnissen. Der König des Kleinstaates Popo ist die Karikatur eines absoluten Herrschers, er ist durchdrungen von seinem Amt und hält sich für die Spitze, das Zentrum des Staates, ohne diesen Anspruch auch nur im geringsten einlösen zu können. Die von ihm gewollte Ordnung hat das Chaos im Gefolge. Der König erscheint als philosophierender Narr, der sein System in Wirklichkeit gar nicht beherrscht.

Zwei konstitutive Elemente des Hoflebens werden in der zweiten Szene des ersten Akts anspielungsreich vorgeführt: das Ankleiden König Peters und eine Sitzung mit dem Staatsrat. Büchner parodiert das klassische 'Lever' eines Fürsten, wie es am bekanntesten von Ludwig XIV. überliefert ist (s. die Beschreibung von Norbert Elias bei Jancke, S. 254f., zitiert). Die zeremonielle Kleidung als Instrument der Machtrepräsentation soll den Herrscher vom gewöhnlichen Volk unterscheiden und bei diesem Eindruck machen. (Die Begründung aus einem Zeremoniell-Handbuch des 18. Jahrhunderts ist bei Berns, S. 240, abgedruckt.)

Der zunächst fast nackt im Zimmer umherlaufende König wird nach und nach mit den äußeren Kennzeichen seiner Macht bekleidet, wobei er philosophische Kommentare abgibt. Diese Anmerkungen sind zwar einerseits unsinnig und lediglich philosophischer Jargon, andererseits kann man in ihnen eine vom König beabsichtigte Rechtfertigung und Statusbestimmung des absoluten Herrschers herauslesen.

König Peter will für seine Untertanen denken, weil sie es selbst nicht tun. In philosophischen Kategorien ausgedrückt, ist er das Zentrum: „Die Substanz ist das 'an sich', das bin ich" (S. 7). Berns vermutet, man könne diesen Satz „als deutschphilosophische Variante" von der Ludwig XIV. zugeschriebenen Sentenz „L'état c'est moi" lesen (S. 242).
Noch ist der König als „Substanz" „fast nackt", nun kommen seine Kleidungsstücke als „Attribute, Modifikationen, Affektionen und Akzidenzien" hinzu. Philosophische Überlegungen und Ankleidezeremoniell werden parallel geführt, indem die hinzukommenden Kleidungsstücke mit philosophischen Kategorien gleichgesetzt werden: der freie Wille mit dem offenen Hosenlatz, die Moral mit den Manschetten. Das ganze endet in Konfusion und mit des Königs Feststellung: „Mein ganzes System ist ruiniert", die sich sowohl auf die Philosophie wie auf die Kleidung bezieht.
Mit dieser Überblendungstechnik parodiert Büchner das steife Hofzeremoniell wie auch philosophische Zeitströmungen, die Kantische Philosophie des 'An-sich' und Fichtes Ich-Philosophie. Wie dem Selbstverständnis des Herrschers keine Realität entspricht, so auch nicht der Absolutsetzung des Ich: Der König verfügt gar nicht über eine Identität, eher ist er die Verkörperung der Leere.
Peter sagt: „Wenn ich so laut rede, so weiß ich nicht, wer es eigentlich ist, ich oder ein Anderer, das ängstigt mich." Damit stellt er seine Identität, sein Bewußtsein von sich selbst, infrage. Das Ergebnis des dadurch ausgelösten Nachdenkens ist wiederum eine philosophische Formel, mit der die Philosophie Fichtes parodistisch zitiert wird: „Ich bin ich." Damit ist das Problem aber noch nicht vom Tisch. Der um Stellungnahme gebetene Präsident des Staatsrates löst die gewonnene Gewißheit wieder auf: „[...] vielleicht ist es so, vielleicht ist es aber auch nicht so" (S. 8).
Die Interessen des Fürsten liegen in der Beibehaltung des zeremoniellen Systems und dessen Ausrichtung auf ihn als den Mittelpunkt. Alle müssen tun, was er vormacht. Das Mechanische, Automatenhafte ist bei ihm besonders stark ausgeprägt und überträgt sich auf Staat und Hof. („Kommen Sie meine Herrn! Gehn Sie symmetrisch. Ist es nicht sehr heiß? Nehmen Sie doch auch Ihre Schnupftücher und wischen Sie sich das Gesicht." S. 8.) Weitere Belege zu diesem Komplex finden sich auch in III,2. Der König will sich anläßlich der Heirat seines Sohnes „volle zwölf Stunden" freuen, und die Untertanen „werden aufgefordert, die Gefühle Ihrer Majestät zu teilen" (S. 32). Die Ausrichtung auf ihn zeigt sich auch sprachlich in dem, was Diener und Staatsrat sagen. Ihre Artikulation ist Echo auf oder Imitation des königlichen Sprechens.
Das Volk spielt eine so geringe Rolle, daß der König sich einen Knoten ins Taschentuch machen muß, um sich gelegentlich an es zu erinnern. Viel wesentlicher ist dagegen die Herrschaftssicherung durch dynastisch abgestimmte Heirat des Erbprinzen. Die Sitzung des Staatsrates endet zwar in Konfusion, weil der König wieder philosophiert und sich dabei unpräzise ausdrückt und am Ende vergessen hat, was er sagen wollte. Immerhin versteht man – und das ist neben der Kennzeichnung des Herrschertums der handlungsmäßige Ertrag der Szene –, daß der Erbprinz Leonce heiraten soll.
Von dieser Szene aus stellen sich sehr leicht Verbindungen zur damaligen politischen Wirklichkeit des Deutschen Bundes her, denn sie ist sowohl Darstellung absolutistischen Anspruchs als auch dessen satirisch angelegte Kritik.

7.3.4 Sprache und Sprechweisen

Das Stück fordert vom Zuschauer sehr viel, da sich sein Verständnis nur wenig an der Handlung orientieren kann. Er kann sich auch nicht auf eine Kontinuität in der Informationsübermittlung oder auf ein Gleichbleiben des Tons oder der Stimmung einstellen. Das sprachliche Klima wechselt mit dem Sprecher, desgleichen ändern sich blitzartig die Bezugspunkte und die Argumentationsrichtungen (vgl. 7.3.5.3). Man kann davon ausgehen, daß einmaliges Hören nicht genügt, um alle Feinheiten und Anspielungen zu erfassen, ganz zu schweigen von der Entschlüsselung der Zitate.

Im wesentlichen dominieren zwei Stilschichten: die romantisch gespeiste Sprache mit ihren Lyrismen und ihren inhaltlichen Motiven Nacht, Traum, Schlaf, Tod, Natur und das ironisch-witzige shakespearisierende Sprechen. Hier gilt beinahe noch die alte Stiltrennungsregel der Rhetorik, die den adligen oder gesellschaftlich hoch stehenden Personen den hohen Stil zuordnet, der Unterschicht und den Narren das witzige und derbe Sprechen überläßt.

Leonce beherrscht freilich beide Sprechweisen. Es macht einen großen Unterschied, ob er mit Lena spricht oder sich mit Valerio Wortgefechte liefert, die mit Wort- und Klangspielen, semantischen Umdeutungen, Doppelsinnigkeiten und Zweideutigkeiten nur so gespickt sind (vgl. Renker, S. 49ff.).

Dabei erhält die Sprache eine dem Drama eigentlich nicht gemäße Funktion: Sie bringt keine Kommunikation im Sinne der Übermittlung von Inhalten zustande, sondern ist nur noch reines Sprachspiel. Sie verselbständigt sich weitgehend auf Kosten der Handlung und bringt sie zum Stillstand (Krapp, S. 166ff.). Besonders deutlich ist das in den ersten beiden Akten.

Leonces Gespräch mit Rosetta, in dem er ihr immerhin mitteilt, daß er ihr den Abschied geben will, ist ebenfalls ein Sprachspiel und bewegt sich inhaltlich kaum von der Stelle. Fast kommt es mehr auf die klanglichen Wirkungen als auf die Inhalte an. Es hangelt sich assoziierend von Begriff zu Begriff (Arbeit, Beschäftigung, Müßiggang, Langeweile) und verliert sich teilweise in reinen Sprachfiguren.

Leonce: [...] wir können uns Zeit nehmen, uns zu lieben.
Rosetta: Oder die Zeit kann uns das Lieben nehmen.
Leonce: Oder das Lieben uns die Zeit. Tanze, Rosetta, tanze, daß die Zeit mit dem Takt deiner niedlichen Füße geht!
Rosetta: Meine Füße gingen lieber aus der Zeit. (S. 10)

Der Gesprächsteil ist aus den vier Begriffen Zeit, Liebe/lieben und Nehmen und Gehen aufgebaut, wobei der Begriff der Zeit durch immer neue Kombination der Wörter immer wieder neue Bedeutungen erhält. Vom Inhalt, der ja ein zentrales Motiv angibt, wird man trotz dieser spielerischen Behandlung (dies gegen Krapp, S. 157) nicht ganz abstrahieren können. Jedem Sprecher sind bestimmte sprachliche Elemente, die ihm eine Aura geben, zugeordnet. Leonces 'Hauptwörter' sind Melancholie und Langeweile, König Peters Leitmotiv heißt: „Ich muß denken." Lenas Sprache ist romantisch-lyrisch, vor allem in der Begegnungsszene II,4 (s. die Interpretation unter 7.3.5.2). Mit Leonce spricht sie eigentlich nur indirekt, das Gespräch hat einen assoziativ-musikalischen Charakter, der sich an den hin und her gespielten Leitbegriffen Nacht, Schlaf und Tod orientiert (s. dazu auch 7.3.5.3).

7.3.5 Zur Frage der Entwicklung – Interpretation des II. Aktes

7.3.5.1 Flucht nach dem Süden

Ein schwer lösbares Problem ist, ob Leonce sich durch die Begegnung mit Lena wandelt, sozusagen von seiner Melancholie geheilt wird, und zu einer anderen Lebenseinstellung kommt. Dafür gibt es sowohl Argumente wie auch Gegenargumente.

Es paßt zu den Identitätsproblemen Leonces, daß er verschiedene Rollen probiert, und zu seinem Müßiggang, daß er den Drang nach Beschäftigung fühlt. Er soll König werden, was er nicht will. Valerio findet dagegen Königsein lustig, weil man da vieles machen könne: „[...] den ganzen Tag spazieren fahren und den Leuten die Hüte verderben durch's viele Abziehen [...] aus ordentlichen Menschen ordentliche Soldaten ausschneiden [...] schwarze Fräcke und weiße Halsbinden zu Staatsdienern machen" (S. 16). Leonce lehnt ab: „Valerio! Valerio! Wir müssen was Anderes treiben. Rate!" (S. 16) Sie machen Zukunftsentwürfe und spielen probeweise verschiedene Rollen und Möglichkeiten durch: Wissenschaftler, Helden, Genies, nützliche Mitglieder der menschlichen Gesellschaft.

Nichts findet den Beifall von Leonce, bis er schließlich das Richtige hat – „Fühlst du nicht das Wehen aus Süden?" – die Italienreise, deren Tradition hier parodistisch als Ausweg erscheint. Leonce beschreibt in romantischen Bildern die Schönheit Italiens, die den Ästheten reizen könnte: „der tiefblaue, glühende Äther", das blitzende Licht „von dem goldnen, sonnigen Boden", „Tarantella und Tambourin", „tiefe tolle Nächte voll Masken, Fackeln und Gitarren" (S. 17). Sie wollen nach Süden gehen und Lazzaroni, Bettler, werden.

7.3.5.2 Die Begegnung

Der II. Akt zeigt Leonce und Valerio unterwegs. Die Szene II,2 – „Wirtshaus auf einer Anhöhe" –, die die Begegnung mit Lena und der Gouvernante bringt, ist die elfte insgesamt und steht genau in der Mitte des Stücks. Vorher wird in II,1 im Gespräch mit Valerio noch einmal die Lebensproblematik des Leonce zusammengefaßt. Nach wie vor ist er von Unrast besessen: „Komm Valerio, wir müssen was treiben, was treiben" (S. 22). Die Vorschläge, die er macht, sind zwar weiterhin mehr oder weniger sinnlos: untersuchen, wie es kommt, daß der Stuhl auf drei Beinen steht und nicht auf zweien usw., doch scheint sich eine neue Qualität in seinem Fragen anzukündigen. Mit Valerios Vorschlag, der ihm den Suff empfiehlt, ist er jedenfalls nicht zufrieden.

Verschlüsselt deutet er die Suche nach einer wirklich sinnvollen Beschäftigung an: „O Gott! Die Hälfte meines Lebens soll ein Gebet sein, wenn mir nur ein Strohhalm beschert wird, auf dem ich reite, wie auf einem prächtigen Roß, bis ich selbst auf dem Stroh liege" (S. 22). Auch zeugen seine folgenden Äußerungen von einer neuen Stimmungslage, er empfindet statt des gewohnten Überdrusses etwas Unheimliches, Gespenstisches in der Umgebung, für das Valerio freilich kein Organ hat: „Ich weiß nicht, was Ihr wollt, mir ist ganz behaglich zu Mut" (S. 23). Er sieht die Welt als Wirtshaus, die Erde als Tisch und die Menschen als Spielkarten darauf, mit denen „Gott und der Teufel aus Langeweile eine Partie machen" (S. 23). Immerhin teilt er andeutungsweise die Empfindung der Determiniertheit und des 'Gespieltwerdens' mit seinem Herrn.

Seine Bemerkung, Leonce sei der Kartenkönig und er der Bube, und nun fehle nur noch die Dame, leitet dann zu dem Erscheinen von Lena und der Gouvernante über. Zwischen ihr und Valerio entspinnt sich ein Schimpfgespräch; dazu im Kontrast steht ein kurzer Dialog zwischen Leonce und Lena, der keine Unterhaltung ist, sondern ein Austausch von Empfindungen über die Müdigkeit und das Leiden an der Wirklichkeit. Leonce spricht „träumend vor sich hin", Lena hört ihm „ängstlich sinnend" zu. Das Motiv des langen Weges, das in Lenas erster Formulierung noch einen konkreten Sinn hat („Meine Liebe, ist denn der Weg so lang?"), wird von Leonce aufgenommen und verallgemeinert („Für müde Füße ist jeder Weg zu lang!") und dann von Lena wiederum variiert und auf Augen, Lippen und Ohren angewendet (S. 23 f.).

7.3.5.3 Wechselbad der Stimmungen, Antithetik

Nach der Begegnung scheint sich eine Änderung in Leonces Seelenlage anzudeuten. Zunächst kommt ein unvollständiges ‚Hamlet'-Zitat, das ergänzt werden muß: „Sollte nicht dies [...] mir zu einem Platz in einer Schauspielergesellschaft verhelfen?" („Hamlet' III,2) Damit

meint Hamlet, daß er einen Erfolg gehabt hat, daß es ihm gelungen ist, durch das von ihm inszenierte Schauspiel den Mord an seinem Vater aufzudecken. Leonce meldet, indem er das zitiert, sozusagen auch einen Erfolg und präzisiert für seine Situation: „Gott sei Dank, daß ich anfange mit der Melancholie niederzukommen" (S. 24).
Völker deutet dieses Niederkommen mit der Melancholie als eine Befreiung und Entlastung (S. 129f.). Dieses neue Welterleben artikuliert sich in der Sprache. Hatte Leonce früher seine Leidenserfahrung mit den Worten formuliert: „Ich sitze wie unter einer Luftpumpe. Die Luft so scharf und dünn, daß mich friert, als sollte ich in Nankinghosen Schlittschuh laufen. [...] Mein Leben gähnt mich an, wie ein großer weißer Bogen Papier, den ich vollschreiben soll, aber ich bringe keinen Buchstaben heraus" (S. 12), so heißt es jetzt: „Die Luft ist nicht mehr so hell und kalt, der Himmel senkt sich glühend dicht um mich und schwere Tropfen fallen" (S. 24). Lenas Stimme scheint für ihn eine völlige Wandlung gebracht zu haben, was in Bildern des Schöpfungsmythos ausgedrückt wird, eingerahmt von dem noch zweimal wiederholten Motiv des langen Weges. „Es reden viele Stimmen über die Erde [...]" usw. (S. 24).
In diesem Augenblick, da Leonce 'vernünftig' zu werden, d.h. von einer Melancholie verlassen zu werden scheint, urteilt Valerio über ihn, er sei ein Narr. Er nimmt das Motiv des langen Weges auf und deutet ihn als einen der Wege zum Narrenhaus. Er schließt ein groteskes Bild an, das Leonce „an einem eiskalten Wintertag" „auf einer breiten Allee" zeigt, „wie er sich in die langen Schatten unter die kahlen Bäume stellt und mit dem Schnupftuch fächelt", womit sowohl Leonces Bild der Kälte als auch der Hitze aufgenommen und als widersprüchlich denunziert werden.
Dazu wiederum kontrastiert die folgende Szene II,3, in der Lena das Winterbild aufnimmt, ernsthaft die Problematik von Leonce anspricht und seiner Trauer und Müdigkeit eine existenzielle Dimension zuschreibt: „[...] ich glaube es gibt Menschen, die unglücklich sind, unheilbar, bloß weil sie sind" (S. 24f.).
Die darauf folgende Szene II,5 „Der Garten. Nacht und Mondschein" gibt bereits in ihrer Ortsbezeichnung ein Inventar der typischsten romantischen Motive. Lena sitzt auf dem Rasen, aber zunächst kommt Valerio mit einer ganz unromantischen Naturempfindung zu Wort. Es sei zwar, räumt er ein, „eine schöne Sache um die Natur", beschwert sich dann aber anschließend über die Schnaken, schnarchende Menschen (im Haus), quakende Frösche (draußen), pfeifende Hausgrillen (drinnen) und Feldgrillen (draußen), um dann zu beschließen, auf dem Rasen zu übernachten.
Leonce erlebt dazu im Gegensatz die Nacht ganz anders: „O Nacht, balsamisch wie die erste, die auf das Paradies herabsank" (S. 25). Er nähert sich Lena, und es beginnt wieder eine Art Wechselgesang, kein Gespräch, sondern ein Nennen, Aufnehmen und Abwandeln von Motiven, die allesamt romantischer Natur sind. Lena „spricht vor sich hin" von Traum, Nacht, Mond, Schlaf, Tod, die Begriffe assoziativ und bildhaft miteinander verknüpfend und teilweise ineins setzend: „Der Mond ist wie ein schlafendes Kind [...] O sein Schlaf ist Tod. Wie der tote Engel [...]" (S. 25). Leonce richtet an sie eine direkte Anrede, die das aufnimmt. Auf Lenas Frage, wer da spreche, antwortet er: „Ein Traum." Auf ihre Feststellung „Träume sind selig" antwortet er mit einer chiastischen Umstellung: „So träume dich selig und laß mich dein seliger Traum sein", worauf sie, die Kette weiterspinnend, das Motiv Tod anspricht, das er dann weiterführt.
Die ganze Passage ist wiederum ein musikalisch-assoziatives Sprachspiel, stimmungsmalend und expressiv, aber mit kaum angebbarem Inhalt. Es handelt sich um das Wiederholen, Erweitern und Zusammenklingen von Motiven. Erkennbar ist (der Kuß!), daß es sich um eine Liebesbegegnung handelt, allerdings um eine etwas makabre, vom ästhetischen Geschmack des Prinzen gesteuerte, bei der der Tod als letztes Ziel erscheint: „So laß mich dein Todesengel sein [...] Schöne Leiche, du ruhst so lieblich auf dem schwarzen Bahrtuch

der Nacht, daß die Natur das Leben haßt und sich in den Tod verliebt" (S. 26). Liebe und Tod werden identisch.

Die Neuorientierung, die diese Liebesbegegnung für Leonce gebracht hat, scheint insofern folgenreich, als er sich das Leben nehmen und sich in den Fluß stürzen will, da er im Kuß mit Lena den höchsten Augenblick seines Lebens erlebt hat, nun keine Steigerung mehr möglich scheint. Formuliert wird dieser Entschluß unter Zuhilfenahme mehrerer Goethe-Zitate (vgl. Hinderer, S. 150).

Valerio hält ihn fest und klassifiziert das Vorhaben als „Lieutenantsromantik". Auf die Aufforderung, ihn loszulassen, kalauert er, Leonce möge doch gelassen sein und das Wasser (sein) lassen usw. Der Stimmungsbruch wird aber dann von Leonce mitvollzogen, indem er zunächst sagt, er glaube, Valerio habe „halbwegs" recht, und anschließend sein eigenes Vorhaben ironisch-zynisch behandelt: „Mensch, du hast mich um den schönsten Selbstmord gebracht [...]" (S. 27). Die Anspielung auf die gelbe Weste und die himmelblauen Hosen entlarvt den Selbstmordversuch im Nachhinein als Werther-Parodie.

Das bedeutet, daß sich entgegen allen Textsignalen auch nach der Begegnung mit Lena Leonces Verhalten nicht geändert hat. Aus der romantischen und sterbensseligen Stimmung schwenkt er auf die Linie von Valerio ein, wenn er sagt: „Der Himmel beschere mir einen recht gesunden, plumpen Schlaf" (S. 27).

8 Realitätsbezogenheit

8.1 Historische Substrate und politische Ansätze

‚Leonce und Lena' scheint völlig im Gegensatz zu den anderen poetischen Werken Büchners zu stehen. Lange Zeit hat man die Realitätsferne und Märchenhaftigkeit des Stücks betont, die Künstlichkeit des Arrangements, den Spielcharakter, die Herkunft aus der Literatur, die vor allem am philologischen Nachweis von Zitaten festgemacht wurde. Beispiele für die Frühphase dieser Einschätzung bieten die Texte von Gutzkow und Schmidt (Mat. III.1,2).
Die Problematisierung dieser Sicht kann durch die Gegenüberstellung von zwei Zitaten erfolgen, die jeweils eine entgegengesetzte Position bezeichnen. ,,Das Stück ist weit entfernt vom sozialen Realismus, ja, die dargestellte Welt ist ausgesprochen dichterisch, sogar märchenhaft" (G.-L. Fink in Martens, 1965, S. 488). Dagegen steht Poschmanns Urteil: ,,Büchners Komödie, die keine bestimmte Wirklichkeit in ihrem äußeren Erscheinungsbild wiedergibt, ist nicht weniger realistisch und nicht weniger geschichtsbezogen als ‚Dantons Tod' und ‚Woyzeck'" (S. 198).
Die Frage, die zu stellen ist, heißt: Auf welche historischen und sozialen Voraussetzungen stützt sich die Komödie? Ist sie bloße Literaturkomödie oder Spiegelung gesellschaftlicher Verhältnisse? Um dies zu beantworten, müssen zeitbezogene, politisch-gesellschaftliche Momente in der Realität und im Stück herausgearbeitet werden. Sie sind in ‚Leonce und Lena' vorhanden, aber eher versteckt oder vielmehr in einer durch den romantischen Rahmen entwirklichten Form. Thematisch werden Gegenstände behandelt, die zu Büchners Zeit überaus aktuell sind.
Historische Grundlage ist die Endphase des kleinfürstlichen Absolutismus, der durch die Französische Revolution faktisch schon aufgehoben oder zumindest geistig infrage gestellt worden ist, der in der Vormärz-Phase durch bürgerliche Freiheits- und Verfassungsbestrebungen angefochten wird und sich durch Restriktionen der Untertanen verzweifelt zu behaupten sucht. Karl Marx kennzeichnet die Rückständigkeit und Überholtheit dieser Situation mit einer treffenden Kurzformel, in der literaturästhetische Kategorien zur Beschreibung benutzt werden: ,,Das moderne *ancien régime* ist nur mehr der *Komödiant* einer Weltordnung, deren *wirkliche Helden* gestorben sind [...]" (zit. nach Poschmann, S. 206).
Als Voraussetzungen hat das Stück die Existenz von Fürstenhöfen, die deutsche Kleinstaaterei, das absolutistische, nur teilweise durch Verfassungen gemilderte System, die adlige Gesellschaft, das Hofzeremoniell, die Notwendigkeit einer standesgemäßen Heirat nach dynastischen und machtstaatlichen Gesichtspunkten (letztere Gesichtspunkte werden besonders von Berns herausgestellt).
Es könnte scheinen, dies alles seien bloße Reflexe, Versatzstücke aus einer absterbenden Welt, über die man sich wie über die Romantik als eine überwundene Epoche nur noch lustig machen kann. Ein Blick auf Büchners politische Ansichten, auf seinen Lebenslauf und in seine Briefe genügt, um das andauernde Unterworfensein unter die duodez-absolutistische Herrschaft und das Bewußtsein davon aufzuweisen.

8.2 Büchners politische Kritik

Zur Klärung der politischen Stellung Büchners als eines scharfen Kritikers der Fürsten und als Sozialrevolutionär, der durchaus auch zur Gewalt bereit ist, kann man die Briefe heranziehen (z.B. an die Familie, 5. April 1833, Mat. I.1: „Wir wissen, was wir von unseren Fürsten zu erwarten haben [...]"); über die Möglichkeit, das System durch Aufklärung von der gebildeten Klasse aus zu reformieren, wie es etwa von den jungdeutschen Literaten angestrebt wurde, macht er sich allerdings keine Illusionen (an Gutzkow, 1836, WuB, S. 281 f.). Vor allem die Flugschrift ‚Der Hessische Landbote' (1834) formuliert biblisch-wuchtig alle Anklagen gegen den Fürstenstaat. Über die Situation des Volkes und sein Verhältnis zum Fürsten heißt es dort: „Ihr seid wie die Heiden, die das Krokodil anbeten, von dem sie zerrissen werden. Ihr setzt ihm eine Krone auf, aber es ist eine Dornenkrone, die ihr euch selbst in den Kopf drückt; ihr gebt ihm ein Szepter in die Hand, aber es ist eine Rute, womit ihr gezüchtigt werdet; ihr setzt ihn auf den Thron, aber es ist ein Marterstuhl für euch und eure Kinder. Der Fürst ist der Kopf des Blutigels, der über euch hinkriecht, die Minister sind seine Zähne und die Beamten sein Schwanz. Die hungrigen Mägen aller vornehmen Herren, denen er die hohen Stellen verteilt, sind Schröpfköpfe, die er dem Lande setzt" (WuB, S. 218–220).

Was an politischer Stellungnahme, freilich in verkleideter Form, in der Komödie steckt, ist erst nach und nach wahrgenommen worden. Hans Mayer (Mat. IV.2) hat als einer der ersten auf satirische und gesellschaftliche Zusammenhänge aufmerksam gemacht, betont allerdings sehr stark den allgemeinen Charakter der Gesellschaftskritik. Er sieht vor allem die Sinnlosigkeit aller Vorgänge; ein Gegengewicht in Form von bürgerlicher Kritik am Adel oder der Unterschicht als Hoffnungsträger sucht er vergebens.

8.3 Die Bauernszene als Schlüssel

8.3.1 Kritik des Absolutismus

Verschiedene kritische Ansätze sind schon deutlich geworden: Kritik am Absolutismus in der Figur des Königs, die klassenspezifische Verankerung von Leonces Langeweile. Satirisch gesehen wird auch die Kleinstaaterei: Leonce und Valerio sind auf ihrer Flucht in einem halben Tag „schon durch ein Dutzend Fürstentümer, durch ein halbes Dutzend Großherzogtümer und durch ein paar Königreiche gelaufen" (S. 19), und von dem Saal im Schlosse des Königs Peter kann man die Grenzen des Reiches beobachten (S. 31).

Die Kritik am Absolutismus hat keine auf den ersten Blick sichtbare politische Schärfe. Die Darstellung des Fürsten als Trottel und Automat, die des Erbprinzen als eines melancholischen Jünglings und sich langweilenden Taugenichts bewegt sich im spielerischen, fast entwirklichten Raum. Wie sehr sie aber Büchners Grundüberzeugung entspricht, verdeutlicht ein Zusammenhalten mit anderen Texten.

Von dieser schroff-kritischen Sicht ist in ‚Leonce und Lena' allenfalls indirekt etwas zu spüren. Während im ‚Landboten' immer wieder die Situation der Herrschenden und die des Volkes einander kontrastiert werden, sieht man hier fast nur die eine Seite und die Probleme der Oberen. Dargestellt werden der Fürst, der Erbprinz, die Hofgesellschaft. Die mittlere Schicht, Landrat und Schulmeister, kommt nur kurz in den Blick, ebenso die Bauern.

8.3.2 Ruhm und Hunger

Dennoch ist die Bauernszene III,2 eine der Nahtstellen zwischen dem Stück und der sozialen Realität der Untertanen. Die Szene entspricht übrigens einem Vorgang bei Fürstenhochzeiten, dem Zeremoniell der Brauteinholung. Ein bei Berns (S. 231) abgedruckter Auszug aus einem Zeremonialbuch erklärt nähere Einzelheiten des Ablaufs:

„§.1. Die Strassen und Gassen der Residentz, welche bey den prächtigen Einzügen passiret werden, sind auf ausdrückliche Ordre und Befehl auf das beste auszuzieren. Bißweilen werden sie mit kostbaren Tapeten behangen, bißweilen aber auch zu beyden Seiten mit einer anmuthigen und continuirlich grünenden Allee von Tannen-Bäumen [...] Es wird auf das schärffste verbothen, daß sich niemand in zerrissenen oder sonst alten und lappichten Kleidern auf der Strasse dürffe sehen lassen."

Ohne daß Büchner diese Vorschrift gekannt haben muß, entspricht ihr sein Text in verkürzter Form ziemlich genau: Die Tannenzweige sind in der Szene vorhanden wie auch die Forderung nach reinlicher Kleidung. Er gibt, parodistisch verzerrt, das wieder, was zu dieser Zeit bei solchen Gelegenheiten üblich war.

So spielt die Bauernszene am deutlichsten auf die Lage der Untertanen an. Wie die Figur des Schulmeisters als Festordner ausweist, ist sie zwar ebenfalls literarisch vermittelt und geht auf Shakespeare (Handwerkerszene im ‚Sommernachtstraum' und/oder Gryphius ‚Herr Peter Squentz') zurück. Sie zeigt aber neben der Abrichtung der Leute als Jubelpublikum bei der Fürstenhochzeit die soziale Situation der Bauern, formuliert durch einen zynischen Witz des wortspielreichen Schulmeisters: „Erkennt was man für euch tut, man hat euch grade so gestellt, daß der Wind von der Küche über euch geht und ihr auch einmal in eurem Leben einen Braten riecht" (S. 29).

Das Problem wird nur angerissen, die deutliche Formulierung des Sachverhalts findet sich im ‚Landboten':

„Geht einmal nach Darmstadt und seht, wie die Herren sich für euer Geld dort lustig machen, und erzählt dann euern hungernden Weibern und Kindern, daß ihr Brot an fremden Bäuchen herrlich angeschlagen sei, [...] und dann kriecht in eure rauchigen Hütten und bückt euch auf euren steinichten Äckern, damit eure Kinder auch einmal hingehen können, wenn ein Erbprinz mit einer Erbprinzessin für einen anderen Erbprinzen Rat schaffen will, und durch die geöffneten Glastüren das Tischtuch sehen, wovon die Herren speisen und die Lampen riechen, aus denen man mit dem Fett der Bauern illuminirt" (WuB, S. 220).

Die Wichtigkeit dieser Szene für das ganze Stück wird durch die Motti der Vorrede betont. „E la fama?" und „E la fame?", den Autoren Alfieri und Gozzi in den Mund gelegt, ist nicht nur ein hübsches antithetisches Wortspiel. Der Frage nach dem Ruhm, die von dem Tragödiendichter gestellt wird und normalerweise auf die Fürsten gemünzt ist, antwortet die Frage des einfachen Volkes, wie es seinen Hunger stillen soll. Dieser Frage nimmt sich der Komödiendichter an, und es ist wohl die Frage, die der Autor Büchner stellt.

8.3.3 Warum Literaturkomödie?

Die Begründung für die anscheinend mangelnde politische Schärfe, für Büchner ganz unüblich, liegt in der Konzeption des Themas als Lustspiel. Es zeigt die anachronistischen und komischen Seiten der Obrigkeit, blendet aber ernsthafte Schäden für andere weitgehend aus. Das Weggelassene kann von den Rezipienten zum politischen Gesamtbild ergänzt werden.

Nach Lage der politischen Dinge mußte Büchner 1836 damit rechnen, daß eine politische Komödie weder einen Preis bei dem Preisausschreiben bekommen würde, noch aufgeführt werden könnte. Sein Spiel mit Versatzstücken der literarischen Tradition, die Parodie romantischer Inhalte wird deswegen nicht zuletzt den Zweck gehabt haben, die Zensur zu unterlaufen.

Das in dem Stück nur Angedeutete hätte sich für den mitdenkenden Zuschauer (vorausgesetzt, es wäre aufgeführt worden) beim Vergleich von Theaterdarstellung und Lebenswirklichkeit etwa folgendermaßen darstellen können:

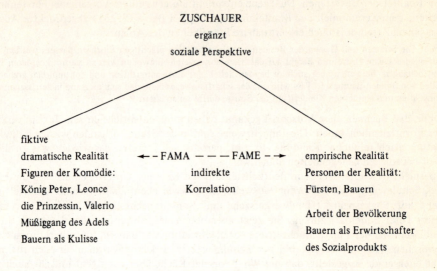

Die damit ausgeübte Kritik bezieht sich aber nicht allein auf den Adel, sondern schließt auch die Bauern ein. Sie werden als ungebildet und dumm dargestellt. Sie werden gezwungen, als Kulisse zu agieren, und lassen alles mit sich machen.

9 Büchners Deutung des Fürstenstaates im Lustspiel

9.1 Politische Verhältnisse als Komödie

Es hat sich gezeigt, daß das Stück die zeitgenössische Wirklichkeit zwar weitgehend zu vernachlässigen scheint, sich aber insgeheim doch auf sie bezieht. Dies bedeutet für die Interpretation, daß diese Wirklichkeit immer mitgedacht werden muß und daß die Befunde des Stücks unter einem literatur-soziologischen Ansatz als verfremdete Aussagen über das herrschende System des Fürstenstaates gelesen werden müssen. Der über die Bauernszene und Büchners geistigen und politischen Kontext gewonnene sozialgeschichtliche Zugang erlaubt nicht nur die Konzentration auf die Frage nach der Beschaffenheit des dargestellten Staates, sondern ermöglicht auch die Integration verschiedener, bisher nicht geklärter Motive.
In den Briefen gibt es mehrere Anhaltspunkte dafür, daß Büchner das politische Leben in Deutschland als Komödie empfand. An einen Freund schreibt er am 9. Dez. 1833: „Die politischen Verhältnisse könnten mich rasend machen. Das arme Volk schleppt geduldig den Karren, worauf die Fürsten und Liberalen ihre Affenkomödie spielen. Ich bete jeden Abend zum Hanf und zu d. Laternen" (WuB S. 253).
Wie stellt nun Büchner, der als politisch denkender Zeitgenosse Sinn und Existenzberechtigung des deutschen Klein-Absolutismus total bestreitet und auf seine Abschaffung hinarbeiten möchte, die fürstliche Welt in der Komödie dar? Ihre Hauptkennzeichen sind Chaos, Zwang und Automatenhaftigkeit, zugleich Determiniertheit.

9.2 Statische Scheinwelt: Zufall als Notwendigkeit

Die Territorien Popo und Pipi sind Modelle. Sie liegen in Deutschland (im Gegensatz zu denen bei Brentano), ihre der Kindersprache entnommenen und Fäkalisches andeutenden Namen enthalten eine deutliche Wertung in bezug auf ihre Größe und Bedeutung. Darüber hinaus zeichnet Büchner den fürstlichen Hof des Königreichs Popo als sinnlose, nur mit sich selbst beschäftigte, durch Langeweile und Zwang geprägte Welt.
Dieses angebliche Zentrum, an dem wichtige Entscheidungen über Wohl und Wehe des Volkes fallen sollen, erweist sich als nach außen völlig abgeschirmt und als ganz und gar künstlich. Poschmann spricht von einer „phantastisch bis ins Groteske stilisierten Idylle" (S. 199). Sie ist gekennzeichnet durch einen Mangel an Bewegung in jeder Hinsicht.
Die Dialoge übermitteln sehr wenig Konkretes, meist führen sie zu nichts. Eine Handlung gibt es in den ersten beiden Szenen nicht. Der König regiert nicht, sondern denkt nur — ohne Ergebnis — und ist nur bemüht, sein System zu bewahren (siehe auch unter 7.3.3.6). Der Thronfolger ist unwillig, sein Amt zu übernehmen, und gibt sich der Langeweile hin.
Bewegung in dieses statische Dasein kommt nur dadurch, daß er versucht, sich den Anforderungen an ihn durch Flucht zu entziehen.
Die ironische Pointe der Handlung besteht nun darin, daß es ihm nichts nutzt. Symmetrie bestimmt den Fortgang: Weil auch Lena den für sie bestimmten Ehepartner nicht will, flieht sie ebenfalls, und sie treffen sich „zufällig". Dieser Zufall ist also im Grunde Ergebnis der Prämissen und bewirkt gerade das, was beide verhindern wollten, nämlich das für die Staaten Erwünschte oder Notwendige.
Wie deutet man das? Trotz ihrer Liebe zueinander fühlen sie sich betrogen, als sie ihre offizielle Identität entdecken. Ihre Liebe war Privatsache, ihre Heirat ist nun der Zwang der

öffentlichen Sache. Sie müssen die ihnen zugedachten Rollen übernehmen; es gibt kein Entkommen. Zum anderen sind sie ja auch 'für einander bestimmt': durch ihr Dasein als jugendliche Protagonisten und durch die „akustische Symmetrie" ihrer Namen: „Die Assonanz ihrer Individualnamen *Leo*nce und *Le*na wird durch die Alliteration ihrer Dynastie- und Territorialnamen Popo und Pipi verstärkt und beglaubigt" (Berns, S. 262). Ihre Flucht ist ein Versuch, der Determiniertheit ihres Schicksals zu entkommen, aber gerade der Zufall ihrer Begegnung führt sie wieder zur Notwendigkeit.

9.3 Automaten als Repräsentanten des Staates

Im ‚Hessischen Landboten' wird der Hof als korrupt, der Fürst als Puppe dargestellt. „Kommt ja ein ehrlicher Mann in einen Staatsrat, so wird er ausgestoßen. Könnte aber auch ein ehrlicher Mann jetzo Minister sein oder bleiben, so wäre er, wie die Sachen stehn in Deutschland, nur eine Drahtpuppe, an der die fürstliche Puppe zieht, und an dem fürstlichen Popanz zieht wieder ein Kammerdiener oder ein Kutscher oder seine Frau und ihr Günstling, oder sein Halbbruder – oder alle zusammen" (WuB, S. 218).
Mit dem für Büchner zentralen Automatenmotiv wird eine weitere Deutung des höfischen Lebens gegeben. König Peter ist, wie sich in I,2 bereits zeigte, selbst eine Marionette, autoritär, aber selbst hilflos. Er ist darauf bedacht, die höfische, durch das Zeremoniell bestimmte Ordnung zu wahren. König Peters wegen muß die Hochzeit stattfinden, denn er hat es sich so vorgenommen. Er hat beschlossen, sich zu freuen: „[...] grade mit dem Glockenschlag zwölf wollte ich anfangen und wollte mich freuen volle zwölf Stunden" (S. 32). Peinlich nur, daß das Brautpaar nicht anwesend ist. Er setzt seinen philosophischen Scharfsinn ein und schlußfolgert, daß in diesem Fall die Hochzeit nicht stattfinden könne.
Da erscheinen die drei Fremden als willkommene Retter. Zwei von ihnen, die von dem dritten als „weltberühmte Automaten" angekündigt werden, sollen stellvertretend, *in effigie*, getraut werden. Büchner setzt das Automatenmotiv hier satirisch und gesellschaftskritisch ein.
Die Figuren nehmen zu Beginn der Szene mehrere Masken hintereinander ab, sie haben keine eigentliche Identität, nichts Persönliches. Sie sind „nichts als Kunst und Mechanismus" (S. 33), wie Valerio sagt. Gerade das macht sie zu idealen Repräsentanten des Systems. Nicht als individuelle Menschen, sondern nur als repräsentierende Automaten können sie ihm dienen. Sie werden damit zu ähnlichen Figuren, wie König Peter eine ist.
Das Vorgehen der Trauung *in effigie* erinnert an eine im Absolutismus besonders bei Staatsverbrechen übliche Schandstrafe, die bildliche Hinrichtung oder Abstrafung, wenn man des Täters nicht habhaft werden konnte. Berns hat darauf hingewiesen, daß in dieser Szene „drei Sphären mit eigner Bildgrammatik und eigner Bewegungslogik" übereinandergeblendet werden: „die des höfischen Hochzeitszeremoniells, die der Automatenmode und die der Schimpfstrafe der *executio in effigie*" (S. 232). Das gewinnt seinen Sinn darin, daß für die beiden Liebenden, nun eingeholt von der Staatsraison, oder ihr aus Versehen auf dem Leim gegangen, diese Hochzeit tatsächlich eine Strafe darstellt. Damit zusammen stimmt ihre Reaktion, als sie wechselseitig ihre wahre Identität entdecken. Beide rufen aus: „Ich bin betrogen" (S. 35), was sich offenbar darauf bezieht, daß sie ihrem Schicksal nicht entkommen konnten. Leonce deutet das als Zufall, Lena als Vorsehung. Nur durch Zwangsmittel und Zufälle wird dieser Staat in seiner alten Art aufrecht erhalten.

9.4 Das Problem des Schlusses und der Gesamtdeutung

9.4.1 Leonce als neuer Staatschef

Der Schluß von ‚Leonce und Lena' ist ein Musterbeispiel von Vieldeutigkeit und entspricht so dem Stück im ganzen, auch wirkt er zurück auf das Verständnis des Textes insgesamt. Er hat den Interpreten große Probleme aufgegeben und ist auf unterschiedliche Weise gedeutet worden.
Zunächst: Es handelt sich, rein formal gesehen, um ein glückliches Ende, wie in der Komödie üblich. Leonce bekommt Lena und tritt die Herrschaft im Königreich Popo an. Was fängt er damit an? Wird er seine bisherige Haltung aufgeben und seine Probleme und die seiner Untertanen lösen, oder bleibt er der gelangweilte Dandy? Sieht man von dem widerrufenen Selbstmordversuch ab, so hat es nur einen Augenblick der Ernsthaftigkeit bei Leonce gegeben. In III,1, als er sich zur Heirat entschließt, legt er ein Bekenntnis zu den Menschen ab (büchnertypisch verbunden mit einem Seitenhieb gegen die Idealisten): ,,Weißt du auch, Valerio, daß selbst der Geringste unter den Menschen so groß ist, daß das Leben noch viel zu kurz ist, um ihn lieben zu können?" (S. 28) Solche Einsicht scheint aber am Ende folgenlos geblieben zu sein, wenn sich Leonce mit der Frage, was nun zu tun sei, an Lena wendet: ,,Nun Lena, siehst du jetzt, wie wir die Taschen voll haben, voll Puppen und Spielzeug? Was wollen wir damit anfangen?" (S. 36, wie auch die folgenden Zitate.)
Diese Kennzeichnung der Untertanen als ,,Puppen und Spielzeug" spricht nicht gerade für die Absicht einer ernsthaften Regierungstätigkeit, die er nun ausüben will. Er deutet verschiedene Möglichkeiten an: ,,ihnen Schnurrbärte machen und ihnen Säbel anhängen", also eine kriegerische Politik treiben, oder ,,ihnen Fräcke anziehen", und in diplomatische Verhandlungen eintreten. Auch diese Möglichkeit wird im Ansatz ebenso wenig ernstgenommen wie die erste, was an der Wendung ,,sie infusorische Politik und Diplomatie treiben lassen" kenntlich wird, die man daneben sitzend ,,mit dem Mikroskop" betrachten kann. Drittens könne man das Staatsleben als Theaterveranstaltung arrangieren; Leonces Vorstellung dazu ist eine ,,Drehorgel [,] auf der milchweiße ästhetische Spitzmäuse herumhuschen".
Lena sagt nichts und schüttelt nur den Kopf. Leonce spricht für sie: ,,Aber ich weiß besser was du willst, wir lassen alle Uhren zerschlagen, alle Kalender verbieten und zählen Stunden und Monden nur nach der Blumenuhr, nur nach Blüte und Frucht" (S. 36 f.). Das entspricht sicherlich Lenas Vorstellungen. Als Regierungsprogramm ist das aber ziemlich fragwürdig, denn es ist nur die Rede vom Pläsier der Herrschenden, während die Untertanen als Spielzeug gesehen werden. Hat sich also für sie nichts geändert, und in Leonces Einstellung auch nichts?
Wie soll der Staat aussehen? Wichtigste Maßnahme ist die Aussetzung des Winters mit Hilfe von Brennspiegeln, die das Land umgeben und einen ewigen Sommer hervorbringen sollen. Dann könne man ,,das ganze Jahr zwischen Rosen und Veilchen, zwischen Orangen und Lorbeern stecken" (S. 37). Eine solche ‚Problemlösung' läßt alle realen Bedingungen eines Staatslebens außer acht und entwirft ihre Strategie auf einer naturhaft-vegetativen Ebene. Werkintern gesehen hat sie aber insofern ihre Berechtigung, als sie auf das im Text mehrfach auftauchende Winter- und Kältemotiv antwortet. Für die dort entworfene Befindlichkeit wäre der ‚ewige Sommer' tatsächlich eine Lösung.
Valerio, der ja Staatsminister werden soll, bringt einen Beitrag zur Staatsverwaltung, der ebenfalls primär auf seine eigenen Bedürfnisse abgestellt ist: Er will zwar nicht die Arbeit verbieten, aber verfolgt soll werden, wer sich Schwielen an die Hände arbeitet; und wer sich krank arbeitet, soll bestraft werden. Wer sich rühmt, ,,sein Brot im Schweiße seines Angesichts zu essen", soll ,,für verrückt und der menschlichen Gesellschaft gefährlich erklärt"

werden. Für die Bedürfnisse der Menschen wird gesorgt werden, indem man sich in den Schatten legt und „Gott um Makkaroni, Melonen und Feigen, um musikalische Kehlen, klassische Leiber und eine kommode Religion" bittet (S. 37).

9.4.2 Satire, Parodie und/oder Utopie?

Die Deutungen dieses Schlusses gehen stark auseinander. Eine gewisse Einigkeit herrscht darüber, daß dies nicht der normale Komödienschluß, das fraglose Happy-end sein kann, höchstens die Parodie eines solchen, verbunden mit der Satire auf die implizit dargestellten politischen Verhältnisse. Die andere Möglichkeit ist, daß hier eine Utopie entworfen wird. Sammeln wir einige Argumente und Belege für Alternativen.
– *Utopie:* Sie zeigt ein nicht entfremdetes Leben und einen paradiesischen Zustand, in dem für die wesentlichen Bedürfnisse der Menschen gesorgt ist und sie ganz in einer freundlichen Natur leben können. Als Belege für diesen Ansatz, der auf eine Paradies-Utopie zielt, können drei Textstellen dienen. Valerio sagt nach der Trauung: „[...] so wäre denn das Männlein und das Fräulein erschaffen und alle Tiere des Paradieses stehen um sie" (S. 35). Leonce bemerkt zu Lena: „Ei Lena, ich glaube das war die Flucht in das Paradies" (S.35). Auf das Paradies deutet schließlich Valerios Aussage in der letzten Szene, daß es nicht mehr sein dürfe, daß jemand sein Brot im Schweiße seines Angesichts verzehre. Intendiert wäre damit sozusagen ein Rückgängigmachen der biblischen Verfluchung bei der Vertreibung der Menschen aus dem Paradies.
– *Satire:* Sie trifft die müßiggängerische Gesellschaft, die nach wie vor nichts tun will, diesen Zustand festschreibt und den Bereich der Arbeit, die von anderen getan werden muß, ausblendet. Dafür sprechen die angeführten Äußerungen Leonces über seine Untertanen. Eine Wandlung durch die Liebe Lenas hat offenbar nicht stattgefunden, oder er fällt in seine alten melancholischen und gelangweilten Zustände zurück. Hier treffen sich werkimmanente Deutungen mit den sozialhistorischen.
– *Parodie:* unter den beschriebenen Voraussetzungen wäre der positive Schluß ein Spiel mit den konventionellen Formen der Komödie.
Vermutet worden ist auch, es handle sich hier um ein Durchschlagen politischer Ansichten Büchners, der sich mit dem Saint-Simonismus auseinandersetze (Plard, S. 301; vgl. auch den Brief Nr. 9, WuB, S. 249 f. über einen Saint-Simonisten). Die Parodie eines Idealzustandes, der alle realen Existenzmöglichkeiten außer acht lasse, wäre dann die Widerlegung der Utopie, deren Unmöglichkeit damit aufgezeigt werde.

9.4.3 Antworten in der Theaterpraxis

Die Regisseure, die sich in einer Inszenierung auf eine Deutung festlegen müssen (vgl. die Rezensionen im Materialienteil V), entscheiden sich meist für die Alternative „Märchenspiel oder politische Satire" (Editionen-Einleitung, S. 42). Zwei Inszenierungen aus den 70er Jahren, die wegen ihrer künstlerischen Leistung hervorragen, beantworten die Frage, ob der Schluß von ‚Leonce und Lena' als positives Ende gesehen werden kann, mit einem entschiedenen Nein. Um dies zu verdeutlichen, ändern beide Regisseure, Jürgen Flimm in seiner Mannheimer Inszenierung von 1973 und Johannes Schaaf in seiner Salzburger Festspielinszenierung von 1975, den Schluß.
Schaaf (s. Mat. V.4 und 5) zeigt eine kaputte Welt und Leonce als einen Aussteiger und versucht das Satirische und Poetische zu verbinden. Am Ende schlüpft Leonce in die Rolle seines Vaters, indem er dessen „Ich-muß-denken-Motiv" übernimmt. Flimm kehrt das dreimal

im Text auftauchende Winter- und Kälte-Motiv nach außen, indem er zu den gesprochenen Blütentraumvisionen der letzten Szene einen Schneesturm inszeniert, wie er übrigens auch die Bauernszene verschärft, weil er sie in klirrender Kälte stattfinden läßt (Kurzenberger S. 161 f.).

9.4.4 Integration

Möglich wäre aber auch in einer Deutung, die sich allerdings szenisch kaum umsetzen läßt, das Utopische und das Satirische nicht als sich ausschließende Alternativen zu sehen, nicht nur Rückfall in alte Zustände und nicht nur heiles Bild einer anbrechenden besseren Welt. Unter Hinweis auf die dialektische Anlage des Stücks, wie sie in der Vorrede zum Ausdruck kommt oder in der Beurteilung des Geschehens als „Zufall" und „Vorsehung" durch Leonce und Lena (S. 35), verlangt L. Völker eine „Modifizierung des 'eindeutigen' Textverständnisses. Offenbar darf das Geschehen im dritten Akt weder als reines Happy-End im Sinne der 'Vorsehung' noch als Rückfall in die alte Verzweiflung im Sinne eines allmächtig-sinnlosen 'Zufalls' gewertet werden, sondern muß als eine widerspruchsvolle Einheit, in der beide Momente enthalten sind, gesehen werden" (S. 132).

Ein solches Verständnis hat mehrere Vorteile: Es quält sich nicht mit einander ausschließenden Möglichkeiten ab und löst verschiedene Paradoxien auf: daß dem Gattungszwang Genüge getan, er aber zugleich infrage gestellt wird: daß einerseits die Verhältnisse und Personen so zu bleiben scheinen, wie sie sind, sie sich aber in einem neuen Stadium befinden, in dem sich alles ändern soll.

Der so verstandene Schluß wird auch besser dem Spielcharakter gerecht, er integriert verschiedene Motive und löst ihre Widersprüche auf: mit der Geltung der Blumenuhr entkommt man dem mechanischen Automatenwesen und bricht aus der Determiniertheit aus. Das Nichtstun, bisher Privileg der Adligen und der Narren, ist nun ein allgemeines, denn Valerios Arbeitsverbot oder das Verbot, sich dabei anzustrengen, gilt, was vom Text her gedeckt ist, ausdrücklich für alle Mitglieder der Gesellschaft.

10 Vergleichspunkte

Kann man die beiden Stücke als Bausteine für eine Entwicklungsgeschichte der Komödie sehen? Sicherlich nicht in dem Sinn, daß Büchner auf Lessing aufbaut oder ihn weiterführt; beide aber knüpfen u. a. an die gleiche Tradition, nämlich die der Commedia dell'arte an. Kennzeichen für die differenzierte spätere, psychologisch begründende Komödie ist, daß die Konflikte und Hindernisse nicht mehr nur äußerer Natur sind (der Vater, der die Heirat verhindern will), sondern im Wollen und der Psyche der Personen selbst liegen.

Ein vordergründiger Vergleich von Inhalt und Personen ist möglich, erbringt aber nicht viel. In beiden Fällen handelt es sich um eine Liebesgeschichte mit verschiedenen Hindernissen vor dem glücklichen Ende. Beide Stücke spielen in der ständischen Gesellschaft; den adligen Protagonisten sind Diener beigegeben. Spielort ist bei Lessing ganz, bei Büchner teilweise ein Gasthof, wo sich die Paare treffen. Damit sind die äußeren Gemeinsamkeiten erschöpft, und es zeigen sich Unterschiede, die auf den historischen Ort der jeweiligen Komödie zurückzuführen sind.

Die Stücke sind Ausdruck unterschiedlicher Epochen, ihre Verbundenheit mit der Aufklärung und der späten, fast schon überwundenen und infragegestellten Romantik, ist offensichtlich.

Der unterschiedliche Zuschnitt der Charaktere macht die unterschiedlichen Rahmenkonzeptionen der Epochen deutlich: das Empfindsame, Aufklärerische, Humanitätsbewußte der Komödie Lessings, die Propagierung im Kern bürgerlicher Tugenden im Medium von Tellheims Ehrenhaftigkeit, den angefochtenen, aber letztlich bestätigten Glauben an die Vorsehung. Tellheim realisiert eine persönliche Norm, er korrigiert ein eingegangenes Verhältnis und macht sich unabhängig von der Adelsgesellschaft und dem König. Gegen solche Vernunft steht Leonces Melancholie, die ebenfalls ein Ausdruck seines Zeitalters ist, seine sich nicht an Normen orientierende Subjektivität, seine Revolte, sein Nihilismus und Ästhetizismus, schließlich auch seine Narrheit.

Die weiblichen Hauptfiguren unterscheiden sich ebenfalls diametral. Minna handelt selbst, ist zielbewußt, kritisch, vernünftig: eine Täterin; Lena dagegen ätherisch, der Natur und der Empfindung hingegeben, leidend: ein Opfer.

Ein unterschiedliches Verhältnis zur Tradition zeigt der Vergleich der Dienerebene. Er macht den entwicklungsgeschichtlichen Abstand beider Stücke zur älteren Komödie deutlich. Dort sind die Diener unterprivilegiert und daher aufsässig und aggressiv, oft hinter dem Rücken der Herrschaft, und treten im übrigen als Spaßmacher auf. Bei Lessing sind sie vollgültige Mitglieder der Gesellschaft und vollkommen in die Handlung eingebettet. Lessing realisiert mit der menschlichen Gleichstellung, bei der die Standesgrenzen nicht so scharf ausgeprägt erscheinen, ein humanes Aufklärungsideal. Gegenüber Büchner, der mit Valerio und der Gouvernante auf die Hanswurst- und Narrentradition zurückgreift, ist Lessing sozusagen der fortgeschrittenere Autor.

Ein sehr wichtiger Vergleichspunkt ist die Realitätsbezogenheit. Sie ist auf den ersten Blick schwer zu erkennen, weil unterschiedlich durchgeführt; bei ‚Minna von Barnhelm' als Zeitstück, bei ‚Leonce und Lena' als Märchen, bei dem die komplementäre Figur aufzusuchen ist. In beiden Fällen ist der Ansatz kritisch und – auch bei Lessing unter Maßgabe dessen, was zu seiner Zeit möglich war – antihöfisch, im Büchnerschen Stück sogar satirisch gegenüber der Obrigkeit und dem Herrscher. Lessing spricht das Söldnertum, die Lage der entlassenen Offiziere und die Finanzierung des Krieges an, Büchner die Situation der Bauern. Der Herrscher ist im einen Fall ein von fern wirkender Deus ex machina, der die (äußere) Lösung bringt, im anderen ist er ein regierungsunfähiger Narr. Das entspricht in beiden Fällen der historischen Situation: aufgeklärter Absolutismus bei Lessing, Karikatur der späten Duodezform bei Büchner.

Eine Betrachtung der Handlungen zeigt das dramaturgische Kalkül Lessings mit seinen mehrfachen Umschwüngen als wesentlich ausgefeilter, was nicht verwunderlich ist, da Büchner sein Stück nicht mehr überarbeiten konnte. Büchner verlegt das Komische in die Personen und ihre Reden. Obgleich Lessing die Ansicht vertritt, die Hauptsache in der Komödie seien die Charaktere, beschränkt sich die Komik auf die Figuren der unteren Ebene. Die Protagonisten sind wenig komisch, dagegen sehr die Situationen, in denen sie sich befinden.

Strukturell ähnlich sind die beiden Stücke in Hinblick auf ihren dialektischen Bau, der bei Büchner im Wechsel, der Aufhebung der jeweils vorhergehenden Stimmung durch eine gegensätzliche liegt, bei Lessing in der gegenseitigen Relativierung der Positionen.

Vergleichbar sind auch Einzelmotive, z. B. die Rolle des Zufalls, in der Sprache die Kartenspielmetaphorik. Stärkeres Gewicht hat die utopische Perspektive, man kann auch sagen: der Märchencharakter der Schlüsse. In beiden Fällen geschieht eine Art des Aussteigens aus der Gesellschaft, und beide Male ergibt sich die Frage, ob die Lösungen der Schlüsse wirklich als solche gelten können.

Übersicht

	„Minna von Barnhelm‘	„Leonce und Lena‘
Epoche	Aufklärung Vernunftglaube	ausgehende Romantik Ästhetizismus
Tradition	Commedia dell'arte	
	rührendes Lustspiel	Shakespeare, romantisches Lustspiel
Inhalt	Liebesgeschichte mit Hindernissen	
wichtige Begriffe	ständisches Ehrproblem Vernunft, Liebe, Ehre	Subjektivität, Langeweile Melancholie
	Selbstentfremdung, Identitäts- und Rollenprobleme (verschiedene Gründe)	
Handlung	differenziert komplizierte Exposition	sehr einfach lineare Anordnung
Personen	ständische Gesellschaft, Herren, Dienerschaft, Adel, Bürger	
Diener	aufgewertet	traditionelle Narrenfigur
Frauen	tätig, handelnd, vernünftig	leidend, naturverbunden
Herrscherfigur	Deus ex machina	Narr
Komik	bei Figuren der unteren Ebene; bei Höhergestellten: Situationen	Sprachspiele, Wortwitze
Realitätsbezug	Zeitstück	Märchensphäre; inverse Realitätsdarstellung
Dialektik	Personen, Rollenwechsel, mehrperspektivische Begriffe	Situationen, Stimmungen
Intention	antihöfisch	
	Zeitdarstellung, Kritik, Ironie Propagierung bürgerlicher Normen	Satire auf Absolutismus und romantische Bewußtseinsinhalte, Karikatur
Schluß	Ausstieg aus der Gesellschaft und Neubeginn	
	teilutopisch, Tendenz bürgerlich	utopisch-satirisch

11 Klausurthemen, Untersuchungsaufgaben und Fragen

11.1 Zu ‚Minna von Barnhelm'

11.1.1 Klausurthema 'Komödienentwicklung'

H. Steinmetz: [Merkmale der sächsischen Typenkomödie]
In diesen sächsischen Typenkomödien ist eine grundsätzlich optimistische Wirklichkeitseinstellung erkennbar, das heißt der Komödienschluß, die Lösung des Konflikts, die Lösung der Komödie indiziert die Tendenz und die Richtung des Modells, in das Wirklichkeit gefaßt wird. Die Botschaft, die von jedem einzelnen Lustspiel und von allen zusammen ausgeht, ist die Überzeugung, daß alle Widerstände, die einer vernünftigen und sinnvollen Einrichtung der Welt entgegenstehen, mit Vernunft, Einsicht und Aufklärung zu brechen seien. Diese Überzeugung wurde länger als zwanzig Jahre in diesen Komödien so penetrant verkündet, daß ihre Struktur zu einem festen Schema erstarrte. Dieses Schema, in dem sich ein ganz konkretes Wirklichkeitsmodell niederschlug, sah folgendermaßen aus: Zu Beginn der Handlung exponiert sich der in eine einzige Haltung verbohrte Held. Seine übertriebene Einseitigkeit erscheint dabei vor allem als eine Abweichung von dem, was man normales Verhalten nennen könnte, das wiederum mit den bürgerlichen Tugenden des 18. Jahrhunderts übereinstimmt. In einer Reihe von Situationen wird er dem Zuschauer in seinem Fehlverhalten vorgeführt, so daß der sich ein genaues Bild von der Abweichung, aber auch von der Norm, gegen die der Held verstößt, machen kann. Der Komödienheld gerät dabei natürlich in Konflikt mit seiner Umwelt, die immer den Standpunkt des gesunden Menschenverstandes vertritt, der zugleich auch der Standpunkt des Zuschauers ist. Die Niederlagen der Hauptgestalt führen nun jedoch nicht zu einer kritischen Musterung des eigenen Handelns, sondern bestärken sie in der Überzeugung, der Fehler liege ausschließlich bei den anderen. In einer zweiten Phase versucht die vernünftige Umwelt, den Helden von seinem Fehler zu überzeugen, davon, daß er sich ändern müsse. Diese mit Argumenten und Ratschlägen unternommenen Besserungsversuche bleiben stets ohne Erfolg. In einer dritten Phase schließlich greift man daher zu einer Intrige, mit deren Hilfe man den Fehlerhaften zur Einkehr zwingen will. Die Intrige besteht in der Regel darin, daß man zum Schein den Fehler des Helden übernimmt, sich so verhält wie er, ihm also eine Art Spiegel vorhält, in dem er sich selbst in seiner Abweichung erkennen kann. In etwa achtzig von hundert Fällen entdeckt der Held nun tatsächlich seinen Fehler, kommt zur Einsicht und kehrt als Geheilter in die Gemeinschaft der Vernünftigen zurück. Aber auch wenn er unbelehrbar bleibt, darum von der Gemeinschaft ausgeschlossen wird, tut das der prinzipiell-optimistischen Botschaft der Komödie keinen Abbruch, da das Beharren auf non-konformistischem Verhalten seine Ursache letztlich in einer krankhaften, auf jeden Fall ausschließlich individuell begründeten Absonderlichkeit hat, die keinerlei Repräsentativität beanspruchen darf. (Steinmetz, 1976, S.144f.)

‚Minna von Barnhelm' und die sächsische Typenkomödie: Entwickeln Sie Gemeinsamkeiten und Unterschiede.

11.1.2 Fragen und Untersuchungsaufgaben

Wie gelingt Lessing die Integration von Zeitstück, Lustspiel und ideologiekritischer Perspektive?
Vergleichen Sie die Sprache Minnas und Tellheims und ihre Entwicklung im Verlauf des Dramas.
Untersuchen Sie die unterschiedlichen Begriffe von Glück im Hinblick auf seine Bedeutung bei verschiedenen Personen des Stücks.
Wie kommt es zu der verschiedenartigen Bewertung des Problems Ehre durch Tellheim und Minna?
Wie kommt es zum Rollenwechsel und zur Umkehr der Positionen?

In welchen Beziehungen stehen die Personen des Stücks untereinander?
Die Metaphorik des Sehens, Hörens und der Blindheit im Hinblick auf Tellheim.
Vergleichen Sie die Aussagen des 99. Stücks der ‚Hamburgischen Dramaturgie' (betreffend die Änderung der Charaktere) mit den Charakteren in ‚Minna von Barnhelm'.

11.2 Zu ‚Leonce und Lena'

11.2.1 Erörterungen auf der Basis vorgegebenen Materials

11.2.1.1 Kleinstaaterei in der Geschichte

Geben Sie eine Gesamtdeutung des Stücks anhand einer Äußerung von Karl Marx über den Anachronismus der deutschen Kleinstaaten (Zur Kritik der Hegelschen Rechtsphilosophie. Zit. nach Marx-Engels Studienausgabe, hrsg. von I. Fetscher, Band I, S. 20f. Fischerbücherei 764.):

[...] Der Kampf gegen die deutsche politische Gegenwart ist der Kampf gegen die Vergangenheit der modernen Völker, und von den Reminiszenzen dieser Vergangenheit werden sie noch immer belästigt. Es ist lehrreich für sie, das *ancien régime*, das bei ihnen seine *Tragödie* erlebte, als deutschen Revenant seine *Komödie* spielen zu sehen. *Tragisch* war seine Geschichte, solange es die präexistierende Gewalt der Welt, die Freiheit dagegen ein persönlicher Einfall war, mit einem Wort, solange es selbst an seine Berechtigung glaubte und glauben mußte. Solange das *ancien régime* als vorhandene Weltordnung mit einer erst werdenden Welt kämpfte, stand auf seiner Seite ein weltgeschichtlicher Irrtum, aber kein persönlicher. Sein Untergang war daher tragisch. Das jetzige deutsche Regime dagegen, ein Anachronismus, ein flagranter Widerspruch gegen allgemein anerkannte Axiome, die zur Weltschau ausgestellte Nichtigkeit des *ancien régime*, bildet sich nur noch ein, an sich selbst zu glauben, und verlangt von der Welt dieselbe Einbildung. Wenn es an sein eigenes *Wesen* glaubte, würde es dasselbe unter dem *Schein* eines fremden Wesens zu verstecken und seine Rettung in der Heuchelei und dem Sophisma suchen? Das moderne *ancien régime* ist nur mehr der *Komödiant* einer Weltordnung, deren *wirkliche Helden* gestorben sind. Die Geschichte ist gründlich und macht viele Phasen durch, wenn sie eine alte Gestalt zu Grabe trägt. Die letzte Phase einer weltgeschichtlichen Gestalt ist ihre *Komödie*.

11.2.1.2 Deutungen des Schlusses

Vergleichen Sie folgende Deutungen des Schlusses, und charakterisieren Sie den unterschiedlichen Ansatz:

„Gehn Sie jetzt nach Hause, aber vergessen Sie Ihre Reden, Predigten und Verse nicht, denn morgen fangen wir in aller Ruhe und Gemüthlichkeit den Spaß noch einmal von vorn an. Auf Wiedersehn!" (III,3)

Was besagt das? Es besagt nichts anderes, als daß es für die Gestalten dieses Stücks kein Ende gibt, ein glückliches so wenig wie ein unglückliches, – daß jeder wie ein Schulbube seine Lektion erneut hersagen muß (wie Leonce in Szene I,3 formulierte), daß also alles im Schauspiel war auf einer Bühne, ad infinitum wiederholbar, nicht Erfüllung, sondern Exerzitium nach einem unheimlichen Spielplan, in welchem die handelnden Menschen nur Puppen sind [...]. Das Bewußtsein, lebendige Marionette zu sein, gespielter Spieler auf der Lebensbühne, an den Fäden einer unbekannten Macht, ist hier am Schluß wie dort am Anfang des Stücks in Leonce lebendig.
Erlöst, befreit von seiner Entfremdung ist, so müssen wir schließen, Leonce am Ende nicht. Die Liebesbegegnung ist zwar nicht einfach folgenlose Episode für ihn; Lena bleibt bei ihm. Aber das Verhängnis ist damit nicht aufgehoben. Es besteht weiter, für ihn – und auch für sie.
(Martens, S. 155 f.)
Es gibt keine Zukunft für diese Welt, nur die durch Wiederholung in Gang gehaltene alte Mechanik – solange die Puppen Puppen (bzw. „politische Tiere") bleiben und mitspielen. Noch zeigen sie von sich aus keine Anzeichen, die das in Frage stellen. [...]
Leonce übernimmt die Alleinverantwortung und erklärt sie zugleich für absolut unverbindlich. Tatsächlich enthüllt er damit nur das Wesen des Absolutismus, das in Wirklichkeit darin besteht, niemandem verant-

wortlich zu sein, als das System der Unverantwortlichkeit. Seinen Mitnarren Valerio, der neben ihm die größte Qualifikation im Nichtstun und im zungenfertigen leeren Wortspiel besitzt, wird er als Staatsminister einsetzen.
(Poschmann S.219f.)

11.2.1.3 Vergleiche mit zeitgenössischen Texten

Vergleichen Sie den Monolog Leonces aus I,1 mit folgenden Texten von Heine und Nestroy:

Und die Stadt selbst, wie war sie verändert! Und der Jungfernsteg! Der Schnee lag auf den Dächern und es schien als hätten sogar die Häuser gealtert und weiße Haare bekommen. Die Linden des Jungfernstegs waren nur tote Bäume mit dürren Ästen, die sich gespenstisch im kalten Winde bewegten. Der Himmel war schneidend blau und dunkelte hastig. Es war Sonntag, fünf Uhr, die allgemeine Fütterungsstunde, und die Wagen rollten, Herren und Damen stiegen aus, mit einem gefrorenen Lächeln auf den hungrigen Lippen – Entsetzlich! in diesem Augenblick durchschauerte mich die schreckliche Bemerkung, daß ein unergründlicher Blödsinn auf allen diesen Gesichtern lag, und daß alle Menschen die eben vorbeigingen in einem wunderbaren Wahnwitz befangen schienen. Ich hatte sie schon vor zwölf Jahren, um dieselbe Stunde, mit denselben Mienen, wie die Puppen einer Rathausuhr, in derselben Bewegung gesehen, und sie hatten seitdem ununterbrochen in derselben Weise gerechnet, die Börse besucht, sich einander eingeladen, die Kinnbacken bewegt, ihre Trinkgelder bezahlt, und wieder gerechnet: zweimal zwei ist vier –
(Heinrich Heine: Aus den Memoiren des Herrn von Schnabelewopski, Kapitel 4.)

TITUS: Ich habe Menschenkenntnis, folglich auch Pflanzenkenntnis.
FLORA: Wie geht denn das zusammen?
TITUS: Sehr gut! Wer Menschen kennt, der kennt auch die Vegetabilien, weil nur sehr wenig Menschen leben – und viele, unzählige aber nur vegetieren. Wer in der Fruh aufsteht, in die Kanzlei geht, nacher essen geht, nacher präferanzeln[1] geht und nacher schlafen geht, der vegetiert; wer in der Fruh ins G'wölb[2] geht und nacher auf die Maut[3] geht und nacher essen geht und nacher wieder ins G'wölb geht, der vegetiert; wer in der Fruh aufsteht, nacher a Roll' durchgeht, nacher in die Prob' geht, nacher essen geht, nacher ins Kaffeehaus geht, nacher Komödie spiel'n geht, und wenn das alle Tag' so fortgeht, der vegetiert. Zum Leben gehört sich, billig berechnet, eine Million, und das is nicht genug; auch ein geistiger Aufschwung g'hört dazu, und das find't man höchst selten beisammen! Wenigstens, was ich von die Millionär' weiß, so führen fast alle aus millionärrischer Gewinnvermehrungspassion ein so fades, trockenes Geschäftsleben, was kaum den blühenden Namen „Vegetation" verdient.
(Johann Nestroy; Der Talisman, I. Akt, 17. Szene)

[1] Karten spielen, von (frz.) Préférence. [2] Kolonialwarenladen. [3] Zollamt.

11.2.1.4 Vergleich Flugschrift – fiktionaler Text

Interpretieren Sie die die Bauernszene und die Ankleideszene im Licht von Textstellen aus dem ‚Hessischen Landboten' (Texte s. unter 8.2, S.44).

11.2.2 Untersuchungsaufgaben und Fragen

Kommunikative Prozesse in ‚Leonce und Lena':

Untersuchung der Dialoge Leonce – Rosetta, Leonce – Lena, Leonce – Valerio.

Vergleichen Sie die Sprache von Rosetta und Lena.

Ist an der Sprache von Leonce vor und nach der Begegnung mit Lena eine Änderung abzulesen? Wie steht es mit der These, er habe sich gewandelt?

Stellen Sie die verwendeten Stilmittel (ggf. mit Hilfe einer Übersicht der rhetorischen Figuren) zusammen.

Ist Büchner Epigone oder Überwinder der Romantik?

Erfüllung oder Denunziation/Parodierung der Romantik?

Warum Literaturkomödie?

Ist eine gesellschaftspolitische Interpretation möglich?

Welche Möglichkeiten gibt es für die Deutung des Schlusses?
Welcher geben Sie persönlich den Vorzug, und warum?

11.3 Aufgaben zu beiden Dramen

Vergleichen Sie
— die Hauptfiguren: Tellheim—Leonce und Minna—Lena
— die unterschiedliche Rolle der Diener
— die Rolle des Königs in beiden Dramen
— Gemeinsamkeiten und Unterschiede der Schlüsse

Inwiefern genügen die Stücke dem Gattungszwang, stellen ihn aber gleichzeitig infrage?

Inwiefern sind beide Stücke im Hinblick auf Figuren und Ideen typische Erzeugnisse ihrer Epoche?

Auswahlbibliographie

Genannt werden nur neuere Titel, außerdem solche, denen die vorliegende Arbeit wichtige Einsichten verdankt.

Zu ‚Minna von Barnhelm'

(Arbeitsbuch) Lessing. Epoche–Werk–Wirkung. Von Wilfried Barner, Gunter Grimm, Helmuth Kiesel, Martin Kramer. 4., völlig neubearbeitete Auflage. C. H. Beck, München 1981.
Böckmann, Paul: Formgeschichte der deutschen Dichtung. Band I. Hoffmann & Campe, Hamburg 1949. 2. Aufl. Darmstadt 1965, S. 540ff.
Catholy, Eckehard: Das deutsche Lustspiel. Band II. Kohlhammer, Stuttgart 1982, S. 56ff.
Dyck, Joachim: ‚Minna von Barnhelm' oder: Die Kosten des Glücks. Komödie von G. E. Lessing. Über Wirte als Spitzel, preußische Disziplin, Lessing im Kriege, frisches Geld und das begeisterte Publikum. Wagenbach, Berlin 1981 (WAT 72).
Giese, Christian Peter: Riccaut und das Spiel mit Fortuna in Lessings ‚Minna von Barnhelm'. In: Jahrbuch der deutschen Schillergesellschaft 28/1984, S. 104–116.
ders.: Glück, Fortüne und Happy Ending in Lessings ‚Minna von Barnhelm'. In: Lessing Yearbook 18/1986, S. 21–46.
Göbel, Helmut: ‚Minna von Barnhelm oder Das Soldatengück'. Theater nach dem Siebenjährigen Krieg. In: Lessings Dramen. Reclam, Stuttgart 1987, S. 45–86.
Hein, Jürgen (Hrsg.): G. E. Lessing, ‚Minna von Barnhelm'. Erläuterungen und Dokumente. Reclam, Stuttgart 1977.
Kaiser, Herbert: Zur Problematik des Handelns in der Komödie. Skizze einer Interpretationsreihe auf der Basis von Lessings ‚Minna von Barnhelm' und Hauptmanns ‚Der Biberpelz'. In: Mitteilungen des Deutschen Germanistenverbandes 29/1982, S. 37–45.
Martini, Fritz: Riccaut, die Sprache und das Spiel in Lessings ‚Minna von Barnhelm'. In: F. M.: Lustspiele und das Lustspiel. Klett-Cotta, Stuttgart ²1979, S. 64–104.
Michelsen, Peter: Die Verbergung der Kunst. Über die Exposition in Lessings ‚Minna von Barnhelm'. In: Jahrbuch der deutschen Schillergesellschaft 17/1973, S. 192–252.
Schröder, Jürgen: G. E. Lessing, Sprache und Drama. Fink, München 1972.
ders.: G. E. Lessing, ‚Minna von Barnhelm'. In: Die deutsche Komödie. Hrsg. von Walter Hinck. Bagel, Düsseldorf 1977, S. 49–65.
Steinmetz, Horst: ‚Minna von Barnhelm' oder die Schwierigkeit ein Lustspiel zu verstehen. In: Wissen aus Erfahrungen. Festschrift für Herman Meyer. Hrsg. von Alexander von Bormann u. a. Niemeyer, Tübingen 1976, S. 134–153.
ders.: Die Komödie der Aufklärung. 3., durchgesehene und bearbeitete Aufl. Metzler, Stuttgart 1978 (Slg. Metzler 47).
ders.: G. E. Lessings ‚Minna von Barnhelm'. Dokumente zur Rezeptions- und Interpretationsgeschichte. Athenäum, Königstein i. Ts. 1979.
Werner, Hans-Georg: Komödie der Rationalität. Zu Lessings ‚Minna von Barnhelm'. In: Weimarer Beiträge 25/1979, Heft 11, S. 39–60.

Zu ‚Leonce und Lena'

a) Texte

Büchner, Georg: Werke und Briefe. Nach der historisch-kritischen Ausgabe von Werner R. Lehmann. Kommentiert von Karl Pörnbacher, Gerhard Schaub, Hans-Joachim Simm und Edda Ziegler. Hanser, München 1980 (Zitiert als WuB).
Dedner, Burghard (Hrsg.): Georg Büchner ‚Leonce und Lena'. Kritische Studienausgabe, Beiträge zu Text und Quellen von Jörg Jochen Berns u. a. Athenäum, Frankfurt a. M. 1987.

b) Sekundärliteratur

Anton, Herbert: Die 'mimische Manier' in Büchners ‚Leonce und Lena'. In: Das deutsche Lustspiel. Hrsg. von Hans Steffen. Vandenhoeck, Göttingen 1968, Band I, S. 225–242.

Berns, Jörg Jochen: Zeremoniellkritik und Prinzensatire. Traditionen der politischen Ästhetik des Lustspiels ‚Leonce und Lena'. In: Dedner (Hrsg.) (s. unter a), S. 219–274.

Dedner, Burghard: Bildsysteme und Gattungsunterschiede in ‚Leonce und Lena', ‚Dantons Tod' und ‚Lenz'. In: Dedner (Hrsg.), S. 156–218.

Fink, Gonthier-Louis: Komödie und Realismus bei Georg Büchner (1961). In: Martens (Hrsg.), 1965, S. 488–506.

Hermand, Jost: Unhaltbare Zustände – Büchners ‚Leonce und Lena'. In: Diskussion Deutsch, Heft 92, Dez. 1986, S. 599–613.

Hinderer, Walter: Büchner-Kommentar zum dichterischen Werk. Winkler, München 1977.

Knapp, Gerhard P.: Georg Büchner. 2., neu bearbeitete Auflage. Metzler, Stuttgart 1984 (Sammlung Metzler M 159).

Krapp, Helmut: Der Dialog bei Georg Büchner. Hanser, München 1958, [2]1970.

Kurzenberger, Hajo: Komödie als Pathographie einer abgelebten Gesellschaft. Zur gegenwärtigen Beschäftigung mit ‚Leonce und Lena' in der Literaturwissenschaft und auf dem Theater. In: Georg Büchner III. Hrsg. von Heinz Ludwig Arnold. edition text + kritik, München 1981, S. 150–168.

Martens, Wolfgang (Hrsg.): Georg Büchner. Wissenschaftliche Buchgesellschaft, Darmstadt 1965, [3]1973 (Wege der Forschung Band 53).

Martens, Wolfgang: ‚Leonce und Lena'. In: Die deutsche Komödie. Hrsg. von Walter Hinck. Bagel, Düsseldorf 1977, S. 145–159.

Mayer, Hans: Prinz Leonce und Doktor Faust. In: H.M.; Zur deutschen Klassik und Romantik. Neske, Pfullingen 1963, S. 306–314.

Mosler, Peter: Georg Büchners ‚Leonce und Lena'. Langeweile als gesellschaftliche Bewußtseinsform. Bouvier, Bonn 1974.

Plard, Henri: Gedanken zu ‚Leonce und Lena'. Musset und Büchner. In: Martens (Hrsg.), S. 289–304.

Poschmann, Henri: Georg Büchner. Dichtung der Revolution und Revolution der Dichtung. Aufbau, Berlin und Weimar 1983, [3]1988.

Renker, Armin: Georg Büchner und das Lustspiel der Romantik. Eine Studie über ‚Leonce und Lena'. Berlin 1924 (Kraus Reprint 1967).

Schröder, Jürgen: Georg Büchners ‚Leonce und Lena'. Eine verkehrte Komödie. Fink, München 1966.

Thorn-Prikker, Jan: Revolutionär ohne Revolution. Interpretationen der Werke Georg Büchners. Klett, Stuttgart 1978 (Literaturwissenschaft – Gesellschaftswissenschaft; 33).

Völker, Ludwig: Die Sprache der Melancholie in Büchners ‚Leonce und Lena'. In: Georg Büchner-Jahrbuch 3/1983. Europäische Verlagsanstalt, Frankfurt a.M. 1984, S. 118–137.

Anregungen für den Literaturunterricht

PEGASUS
KLETT

Bisher liegen vor:

Gedichte in ihrer Epoche
Herausgeber: Dietrich Steinbach
Klettbuch 39901, 168 Seiten

Einleitung: Gedichte haben Zeit (D. Steinbach)
Barocklyrik — Geschichtlichkeit und Tradition (U. Müller)
Lyrik im Sturm und Drang (U. Druvins)
Aspekte romantischer Lyrik (H.-H. Ewers)
Lyrik im Expressionismus (T. Kopfermann)
Brecht und die Folgen (T. Kopfermann)
Zur Geschichte der modernen Lyrik in der Bundesrepublik: Gedicht und Erfahrung (D. Wenzelburger)
Schreiben über Gedichte (F. Winterling)

Die Beiträge verbinden eine Interpretation epochentypischer Texte unter epochenerhellenden Aspekten mit Vorschlägen für den Unterricht — entweder implizit, so daß der Aufbau der Arbeit eine mögliche Unterrichtsreihe andeutet, oder explizit im Anschluß an den interpretatorischen Teil.
Schreiben über Gedichte: Bekannte Schwierigkeiten in Klausuren lassen sich vermeiden oder jedenfalls verringern, wenn die große Aufgabe der schriftlichen Interpretation vorbereitet wird mit Teilaufgaben, die das Sprechen über Gedichte sinnvoll stützen — und wenn für Gedichtvergleiche geeignete Vorlagen zur Verfügung stehen. Vielerlei Ratschläge zu Aufgabenformulierungen und eine größere Zahl von Texten für ergiebige Vergleiche bietet der letzte Beitrag des Bandes.

Michael Ackermann:
Schreiben über Deutschland im Exil
Irmgard Keun: Nach Mitternacht
Anna Seghers: Das siebte Kreuz
Klettbuch 39904, 56 Seiten

Peter Bekes:
Außenseiter
Max Frisch: Andorra
Gotthold Ephraim Lessing: Nathan der Weise
Klettbuch 39915, 45 Seiten

Peter Bekes:
Theater als Provokation
Gerhart Hauptmann: Die Ratten
Heinrich Leopold Wagner: Die Kindermörderin
Klettbuch 39919, 51 Seiten

Peter Bekes:
Verfremdungen
Parabeln von Bertolt Brecht, Franz Kafka, Günter Kunert
Klettbuch 39921, 49 Seiten

Klaus-Michael Bogdal:
Geschichte in der Erzählung
Heinrich von Kleist: Michael Kohlhaas
Friedrich Schiller: Der Verbrecher aus verlorener Ehre
Klettbuch 39908, 32 Seiten

Siegmund Geisler/Andreas Winkler:
Entgrenzte Wirklichkeit
E. T. A. Hoffmann: Der Goldne Topf
Ludwig Tieck: Der blonde Eckbert
Klettbuch 39909, 63 Seiten

Wilhelm Große:
Überwindung der Geschichte
Johann Wolfgang von Goethe: Egmont
Friedrich Schiller: Don Carlos
Klettbuch 39913, 53 Seiten

Peter Haida:
»Freiheit« — das neue Lied
Heinrich Heine: Deutschland.
Ein Wintermärchen
Johann Nestroy: Freiheit in Krähwinkel
Klettbuch 39903, 49 Seiten

Peter Haida:
Kritik und Satire im Lustspiel
Georg Büchner: Leonce und Lena
Gotthold Ephraim Lessing:
Minna von Barnhelm
Klettbuch 39923, 59 Seiten